LA M
DE LOS

aulinas

GRUPO EDITORIAL LATINOAMERICANO

ARGENTINA
: 1030 BUENOS AIRES
Larrea 44 / 50, Telefax (011) 4952-5924 y líneas rotativas.
E-mail: paulinas@satlink.com

BOLIVIA
: COCHABAMBA
Nataniel Aguirre 0349, Telefax (42) 51.180
LA PAZ
Colón 627, Telefax (2) 32.60.84

BRASIL
: 004062-003 SÃO PAULO
Av. Indianápolis 2752
Tel. (11) 276.55.66, Fax (11) 275.02.55

CHILE
: SANTIAGO - LA FLORIDA
Av. Vicuña Mackenna 6299, Tel. (2) 221 2832, Fax (2) 2943426

COLOMBIA
: SANTAFÉ DE BOGOTÁ
Cra 32ª Nº 161ª- 04; AA 6391
Tel. (1) 671.89.74, Fax (1) 670.63.78

ECUADOR
: QUITO
Selva Alegre 169 y 10 de Agosto, Telefax (2) 50.16.56

ESTADOS UNIDOS
: MIAMI, FL. 33174
145 S.W. 107th Ave #2
Tel. (305) 225.2513, Fax (305) 225.4189

MÉXICO
: 09890 MÉXICO, D.F.
Boulevard Capri 98 - Lomas Estrellas
Tel. (5) 656.19.44/2064, Fax (5) 607.00.40

PARAGUAY
: ASUNCIÓN
Cerro Corá 967, Telefax (00595) 21212878
E-mail: paulinas@pla.net.py

PERÚ
: LIMA, 1
Jr. Callao 198 - Apdo. 982
Tel. (1) 427.82.76, Fax (1) 426.94.96/459.38.42

PUERTO RICO
: 00925 - 3322 RÍO PIEDRAS
Arzuaga 164, Tel. (1) 764.4885, Fax (1) 767.62.14

R. DOMINICANA
: SANTIAGO DE LOS CABALLEROS
16 de Agosto 134
Tel. (809) 5826290, Fax (809) 583.64.52

URUGUAY
: MONTEVIDEO
Colonia 1311, Tel. (598-2) 900 68 20, Fax (598-2) 902 99 07
E-mail: paulinas@adinet.com.uy

VENEZUELA
: 1071 CARACAS
Av. Sucre, Edif. Yutaje, torre B, Los Dos Caminos
Tel. (02) 286.35.15, Fax (02) 285.72.17
E-mail: fspcdven@cantv.net

LA MISIÓN DE LOS ÁNGELES

SEGÚN LOS PADRES DE LA IGLESIA

Jean Daniélou

Paulinas

235   Daniélou, Jean
DAN   La misión de los ángeles: según los padres de la Iglesia.
       3ª ed. - Buenos Aires: Paulinas, 2000
       144 p.; 20 x 14 cm. (Ensayos Teológicos)
       Traducción de: María Mercedes Bergadá
       ISBN 950-09-1180-9
       I. Título - 1. Ángeles

Título original:
LES ANGES ET LEUR MISSION
D'APRÈS LES PÈRES DE L'ÉGLISE
Collection "Essais"
© Desclée, Paris, 1990
ISBN 2-7189-0471-2

COLECCIÓN DIRIGIDA POR EL PRESBÍTERO LUIS HERIBERTO RIVAS

Traducción: María Mercedes Bergadá
Diseño de cubierta e interior: Cecilia Ricci
Imagen de cubierta: Angel with lute, de Rosso Fiorentino
       Galeria Degli Uffizi, Florencia.

1ª edición, julio de 1997
3ª edición, mayo de 2000

ISBN: 950-09-1180-9

Distribuyen:

Paulinas
Larrea 44/50, 1030 Buenos Aires, Argentina
Telefax: (011) 4952-5924 y líneas rotativas.
Fax directo de 18 a 09 hs.
E-mail: paulinas@satlink.com

SAN PABLO
Riobamba 230, 1025 Buenos Aires, Argentina
Tel. (011) 4953-2421/2643/2691/2726 - Fax: (011) 4953-2737
E-mail: isanpablo@impsat1.com.ar

PRESENTACIÓN

Hace aproximadamente medio siglo que el entonces padre Daniélou publicó el libro que ahora presentamos. Como él mismo lo confiesa en la Introducción, se encontraba ante dos actitudes erróneas con respecto a los ángeles. Por una parte, estaban aquellos "racionalistas" que negaban el carácter personal de los ángeles, y a los cuales se había referido el papa Pío XII en la encíclica *Humani Generis* aparecida muy poco tiempo antes. En el otro extremo estaban aquellos que tributaban un indiscreto culto a los ángeles, intentando acceder a ellos por medio del espiritismo.

El tiempo transcurrido ha modificado sensiblemente la situación. La teología y las manifestaciones piadosas del pueblo cristiano han evolucionado, y en todo esto ha tenido mucho que ver la renovación que aportó la realización del Concilio Vaticano II, celebrado una década después de la aparición de este libro. Pero aun cuando hoy todo se ve con aspectos y contenidos tan diferentes que se puede hablar con justicia de posiciones anteriores y posteriores al Concilio, todavía persisten en la Iglesia las dos actitudes con respecto a los ángeles que indicaba el padre Daniélou en su tiempo. Los ataques a la angelología y el culto supersticioso a los ángeles son características de nuestra época. Los tiempos han cambiado, pero el problema sigue siendo tan actual como en la época en que el cardenal Daniélou publicó su obra por primera vez. Un signo elocuente de este interés es que hace muy pocos años la editorial Desclée procedió a reeditar este libro.[1]

---

1. Collection "Essais", Desclée, Paris, 1990.

Si en aquel tiempo las críticas a la angelología tenían su origen en los "racionalistas", ubicados en la vereda de enfrente, hoy estas se oyen en el interior de la Iglesia y parten de algunos teólogos, pertenecientes principalmente al grupo de los investigadores de la Biblia.

Porque si es bien sabido que en los documentos de la Iglesia se afirma que la existencia de los ángeles es un dato perteneciente a la fe,[2] muchos exégetas se interrogan sobre la fundamentación bíblica de esta enseñanza. Estos autores sostienen que en los textos de la Sagrada Escritura no existe una angelología propiamente dicha. Algunas figuras que tradicionalmente son identificadas con los ángeles no son más que imágenes tomadas de la mitología, y los llamados ángeles y arcángeles pueden ser interpretados como recursos literarios para representar la providencia de Dios sobre los hombres.

Se dice, por ejemplo, que algunas pretendidas categorías angélicas, como los querubines, los serafines, los tronos, las dominaciones, los principados y las potestades, en ninguna parte de la Sagrada Escritura son llamadas "ángeles". Algunas de ellas, como los querubines y los serafines, no pasan de ser figuras mitológicas, que también se encuentran en otras culturas. Los querubines son animales fabulosos, con aspecto de hombre, de toro, de león... que guardaban las puertas de palacios y templos en Asiria. Los serafines son serpientes de fuego, representación de los rayos. Estos seres monstruosos han sido asumidos a partir de cierta época por los autores bíblicos para describir el temible trono de Dios. Los tronos, dominaciones, principados y potestades son personificaciones de los poderes que rigen este mundo y a sus gobernantes, y están asociados más bien al mundo demoníaco (ver, entre otros textos, por ejemplo, 1 Cor 15, 24). El haber identificado a todos estos seres con ángeles es obra de los escritores de la época cristiana.

Quedan entonces los ángeles y los arcángeles. Con respecto a estos, los autores aludidos advierten que la figura del ángel, muy frecuente en la Sagrada Escritura, puede interpretarse la mayoría de las veces como un recurso literario para representar la presencia o la

---

2. Véanse, por ejemplo, los números 328-336 del *Catecismo de la Iglesia Católica*.

providencia del mismo Dios. En muchos casos el ángel de Yahveh comienza su discurso presentándose como el mismo Dios (véanse, por ejemplo, textos como Éx 3, 2-6; Jc 6, 11-14; etc). Las multitudes de ángeles que rodean el trono de Dios, en muchos otros textos, no pasan de ser elementos comunes en la literatura apocalíptica, fundamentalmente simbólica, o resabios de una concepción politeísta primitiva cuando el monoteísmo no estaba todavía firmemente asentado. Por ejemplo, allí donde el texto hebreo dice "te cantaré en presencia de los 'dioses'" (Sal 138, 1), la versión griega de los LXX ha traducido, por escrúpulo, "en presencia de los ángeles", y esta es la lectura que ha llegado tradicionalmente a los fieles cristianos.

Finalmente, los autores que critican la angelología indican que la fundamentación bíblica de esta disciplina teológica parte de una lectura a-crítica de los textos o de tradiciones que se fundan en la literatura apócrifa, principalmente del libro de Henoch; de lo que nos ocuparemos más adelante.

Estas críticas de los expertos en Sagradas Escrituras llevan a la conclusión de que los datos bíblicos, tomados aisladamente, no tienen fuerza suficiente como para sostener la creencia en la existencia de los ángeles.

En el extremo opuesto de esta crítica a la angelología se encuentran hoy todos aquellos que promueven o tienen una devoción indiscreta a los santos ángeles. Como una manifestación de la religiosidad *light* que tiene como referente principal a la *New Age*, la devoción a los ángeles ha crecido desmesuradamente sin ninguna referencia a Cristo ni al compromiso cristiano. Estas expresiones, signos indudables de una búsqueda de lo espiritual, han derivado en la mayoría de los casos en prácticas que rozan con lo supersticioso y lo ridículo, como es la de averiguar el nombre del ángel de cada uno, el color de su ropaje, o las llamadas telefónicas pagas para poder hablar con el propio ángel de la guarda... El ángel es convertido en una especie de amuleto para poder sentirse bien o satisfacer la fantasía personal, que no hace ninguna referencia a la fe del Evangelio ni a sus exigencias.

Sin llegar a estos excesos criticables, en muchos ambientes católicos se difunde una devoción a los ángeles que parece hacer peligrar el lugar central que Jesucristo tiene como revelador del Padre y redentor de los hombres. Para algunos fieles devotos de los ángeles, toda revelación y salvación proviene de estas creaturas angélicas.

Ante todo esto, es comprensible que muchos se pregunten: ¿es serio seguir creyendo en los ángeles? Para responder a esta inquietud nos ha parecido oportuno editar en castellano esta obra del cardenal Daniélou, que muestra la forma en que la tradición cristiana ha entendido el papel de los ángeles en la historia de nuestra salvación. Este estudio se hace necesario porque es sabido que los católicos no entendemos la revelación de Dios, contenida en la Sagrada Escritura, si no es en el contexto de la Tradición, es decir, en el ámbito de la Iglesia viviente y que se expresa por la predicación de los Padres, la liturgia, la piedad de los fieles, la espiritualidad, el arte, el sentir del pueblo cristiano...

En esta Tradición, los padres de la Iglesia son los testigos privilegiados que deben ser escuchados con respetuosa atención, porque ellos son aquellos escritores cristianos de los primeros siglos que por su santidad y su erudición son considerados como fieles intérpretes y transmisores de la palabra de la revelación. Ellos recibieron el mensaje de la salvación, lo vivieron, lo meditaron, estudiaron y explicaron, y muchas veces también lo defendieron dando el testimonio con el derramamiento de su sangre.

Los santos Padres argumentan siempre a partir de los datos que encuentran en las Sagradas Escrituras. Pero en algunas oportunidades también recurren a otros libros que para el común de los cristianos resultan desconocidos y que son citados como testigos de la tradición. Son los llamados "apócrifos". Esta literatura lleva este nombre, que significa "separados", porque la Iglesia no los ha recibido como parte de la Sagrada Escritura. Son libros escritos en el pueblo de Israel a partir de los últimos años anteriores a Cristo o por cristianos en los primeros años de la época del Nuevo Testamento. Algunos nacieron de un honesto deseo de completar los datos de la Biblia, añadiendo relatos o discursos originados en la fantasía de los autores. Otros, en cambio, surgieron de la necesidad de dar un fundamento aparentemente sólido a doctrinas nuevas o extravagantes, por lo cual suelen estar inficionados de herejía. Para lograr aceptación dentro del público fiel, estas obras aparecían respaldadas por nombres de prestigio: se presentaban como obras de profetas o de apóstoles. A pesar de que varios de estos libros fueron tenidos en gran consideración durante mucho tiempo, la Iglesia no ha reconocido en ellos el auténtico testimonio de la tradición apostólica, no ha oído en ellos el eco de la predicación de los que fueron los primeros testigos. Por eso los ha desechado dejándolos separados ("apócrifos").[3] Algunas veces se encuentran en ellos elementos de auténtica tradición cristiana, pero sólo quienes tienen la mirada bien afinada —como los santos Padres— pueden descubrir el grano de trigo en medio de la paja. No es de extrañar, entonces, que en los escritos de los Padres se encuentre alguna cita de los apócrifos. Como algunas de estas obras pueden resultar desconocidas para los lectores, me ha parecido útil agregar un apéndice con los datos considerados indispensables sobre cada uno de ellos. La profesora María Mercedes Bergadá, dedicada desde hace muchos años al estudio del pensamiento patrístico y medieval en la Universidad de Buenos Aires, además de ocuparse de la traducción de este libro, ha tomado a su cargo la preparación de otro apéndice con los datos de los santos Padres y otros autores de la antigüedad citados en la obra.

Es indudable que los padres de la Iglesia, y toda la Iglesia, no han entendido a los ángeles si no es en relación con Cristo, como "enviados en ayuda de los que van a heredar la salvación" (Heb 1, 14). Así lo vive la auténtica religiosidad del pueblo fiel y así se expresa diariamente en la liturgia de la Iglesia.

PRESBÍTERO LUIS HERIBERTO RIVAS

---

3. En Israel se ha dado un fenómeno semejante, porque hay escritos del judaísmo que no fueron aceptados en la Biblia por los mismos judíos. Pero la Iglesia no se ha regido por la autoridad judía en el momento de definir el canon de las Escrituras, ya que la Biblia de los católicos incluye algunos de los considerados "apócrifos" por los judíos. Son los siete libros del Antiguo Testamento conservados en lengua griega y algunos fragmentos de los libros de Daniel y de Ester.

INTRODUCCIÓN

Puede parecer de interés secundario consagrar un libro a los ángeles. Sin embargo, un pasaje de la encíclica *Humani generis*, asombrándose de que algunos nieguen el carácter personal de los espíritus celestes, nos recuerda que la cuestión no deja de tener actualidad, y de hecho encontramos hoy dos errores a este respecto. El primero proviene de espíritus racionalistas que reducen ángeles y demonios a personificaciones de realidades psicológicas y de buena gana verían en ellos la interpretación mítica de realidades cuya clave nos la daría el psicoanálisis. Otros, en cambio, reaccionando con justa razón contra estas tendencias, manifiestan una viva curiosidad por el mundo invisible, pero tratan de penetrar en él por medio del espiritismo o de la teosofía y se apartan por estas imprudentes tentativas de la única vía de acceso que nos ha sido dada: Jesucristo.

Por eso, hablar hoy de los ángeles no será inoportuno. Además, vemos que los más grandes entre los santos y hombres de Dios, desde san Agustín hasta John Henry Newman, han vivido en la familiaridad con ellos. Y la tradición de la Iglesia siempre les ha otorgado un lugar muy amplio en su teología. Basta con recordar los extensos artículos que les están consagrados en la *Suma Teológica* de santo Tomás de Aquino, donde las más sutiles cuestiones concernientes a su naturaleza y su gracia, su intelecto y su amor, son resueltas con admirable maestría. Por eso no queremos retomar ese estudio en el que mal podríamos hacer otra cosa que referirnos a aquel que ha sido bien llamado el Doctor Angélico.

Nos ha parecido, empero, al leer a los padres de la Iglesia, que las circunstancias de su época habían atraído su atención sobre algunas cuestiones que no fueron objeto de preocupación para la teología de épocas posteriores. Viviendo como ellos vivían en contacto con un ambiente judío y en un mundo pagano, testigos por otra parte de la primera expansión del cristianismo, la atención de los Padres no se dirigió tanto a reflexionar sobre la naturaleza de los ángeles y su función de adoradores cuanto a considerar las misiones que cumplen entre los hombres en los diferentes momentos de la historia de la salvación.

Al hacer esto no eran otra cosa que exégetas de las Escrituras. Pues estas nos muestran a Dios Todopoderoso valiéndose del ministerio "de los espíritus enviados en misión" (Heb 1, 14) a lo largo de todo el Antiguo Testamento para ser los mensajeros de sus revelaciones. En el umbral del Nuevo Testamento es también por intermedio de ellos como Zacarías, José, María serán instruidos acerca de los misterios de la venida del Hijo de Dios al mundo. El *Apocalipsis* de san Juan nos los muestra presidiendo el crecimiento de la Iglesia, y toda la Escritura proclama su participación en la gloriosa Parusía.

Son estos temas los que hemos encontrado desarrollados en los padres de la Iglesia, y en los que nos ha parecido que había para espigar algunas verdades. Por tanto, nuestro propósito se manifiesta aquí en sus límites bien definidos. No nos proponemos desarrollar un tratado completo de angelología, sino un estudio sobre la misión de los ángeles. Y esto basándonos en las fuentes patrísticas que nos han parecido particularmente ricas a este respecto. Es obvio que la teología en sus comienzos presentaba todavía muchas vacilaciones acerca de puntos que la tradición ulterior ha precisado. Queda claro, pues, que algunas de las formulaciones que citaremos han de ser completadas e interpretadas a la luz de la enseñanza actual de la Iglesia.

Se nos podrá objetar que es peligroso hablar demasiado de los ángeles. ¿Acaso san Pablo no reprocha a los colosenses el culto que les tributan? Y es verdad que los ángeles mismos, nos dice san Juan Crisóstomo, "no aceptarán y rechazarán a aquel que les tribute un culto en detrimento de Dios".[1]

---

1. *Hom. Col.*, IX; PG LXII, 365.

Pero, precisamente, el objeto mismo de nuestro estudio no es otro que mostrar cómo toda la función de los ángeles es la de conducir a la humanidad al culto del único Dios verdadero y asociarla al Trisagio por el cual confiesan su Supereminente Santidad. Esperamos, así, no merecer su reproche, sino atraernos su favor.

Podría decirse, también, que existen excelentes estudios sobre los ángeles en la teología patrística, en particular en los grandes diccionarios. Ciertamente, esos estudios contienen acabadamente las grandes líneas de la doctrina de los Padres al respecto. Pero la frecuentación personal de las obras de estos nos ha mostrado que tales estudios estaban lejos de utilizar todos los textos que podían hallarse, y a menudo eran las mismas citas las que se trasmitían de un artículo a otro. Nuestra ambición no es pues la de renovar la interpretación de la angelología de los Padres, sino simplemente enriquecer la documentación que la concierne, por el fruto de nuestras propias lecturas.

Sólo me resta agregar que, de esa tradición inmensa y multiforme, he retenido únicamente aquello que era susceptible de iluminar la inteligencia y de nutrir la piedad. Deliberadamente he dejado de lado todo lo que es rareza o mera curiosidad. Tampoco pretendo en modo alguno hacer una exposición completa. En la confusión intelectual que hoy domina, me ha parecido inútil incrementar la colección de opiniones estrafalarias que seducen a los espíritus inquietos. Me he limitado a retener aquello que a mi juicio concordaba con el sentir de la Iglesia y también con el sentido común.

La perspectiva que hemos adoptado, y que es la del papel de los ángeles en la economía de la salvación, nos imponía seguir un orden histórico. Lo cual tiene la desventaja de hacernos abordar en primer lugar la parte más ardua de nuestro tema, la que concierne al papel de los ángeles en el mundo antes de la venida de Cristo. Habríamos conquistado más fácilmente el asentimiento de nuestros lectores si hubiéramos comenzado por presentarles la acción de los ángeles en el cumplimiento de aquellos de sus ministerios que nos son más familiares y si los hubiéramos mostrado primero anunciando la Buena Nueva a los pastores, consolando a Cristo en su agonía, velando sobre el alma de cada bautizado, asistiendo a los ermitaños en sus tentaciones, conduciendo a los santos al Paraíso, suscitando a los muertos del sepulcro. Pero no alcanzaremos a comprender plenamente los himnos gloriosos con que los ángeles saludan las Parusías, sin antes haber participado de su paciencia durante las lentitudes de los Adventos.

JEAN DANIÉLOU, sj
París, 1951

1   LOS ÁNGELES Y LA LEY

Un estudio de la misión de los ángeles que siguiera rigurosamente el orden de sus intervenciones en el mundo como instrumentos de la Providencia debería comenzar por su acción en el mundo físico que ha precedido a sus misiones ante los hombres. Atenágoras sabe que "el Demiurgo y creador del mundo, Dios, por medio de su Verbo, ha repartido y ordenado a los ángeles para que se ocupen de los elementos, de los cielos, del mundo y de lo que hay en él".[1] Orígenes habla de ángeles que presiden los cuatro elementos,[2] que son quizá bien conocidos por san Pablo (Gál 4, 9), y de ángeles que presiden los diferentes ámbitos del universo, los astros, los meteoros, las plantas y los animales.[3] Santo Tomás de Aquino, por otra parte, afirma que es una enseñanza tradicional: "Todas las cosas corpóreas se hallan gobernadas por los ángeles. Y esto no es solamente la enseñanza de los santos doctores, sino de todos los filósofos".[4]

Se trata, pues, de una doctrina sólidamente fundada en la tradición y en la razón. Y pensamos, por nuestra parte, que el gobierno inteligente y fuerte de que da testimonio todo el orden

---

1. *Legatio pro christianis*, 10. En castellano puede leerse este texto de la *Legación o Súplica en favor de los cristianos* en el volumen 116 de la BAC (Biblioteca de Autores Cristianos), *Padres Apologistas Griegos*, trad. de Daniel Ruiz Bueno (N. del T.).

2. Ver ya antes Apoc 14, 7. Sobre los orígenes judaicos de estas concepciones, ver BIETENHARD, *Die himmlische Welt im Urchristentum und Spätjudentum*, Tübingen 1951, pp. 101 y ss.

3. *Hom. Jer. X, 6.*

4. *S. Th.* I, q. 110, art. 1.

del cosmos puede muy bien tener por ministros a los espíritus celestes, mal que le pese al racionalismo de algunos de nuestros contemporáneos. Podría ocurrir muy bien que este vínculo entre los ángeles y el universo visible nos diese la clave de algunos misterios. Pero no queremos comenzar nuestro estudio por un aspecto que ahuyentaría a los más benévolos, a riesgo de impedirles tomar en serio las cosas más importantes que tenemos que decir en lo que sigue. Ya que nuestro tema es directamente el estudio de la misión de los ángeles junto al género humano, lo cual nos da derecho a dejar de lado a los ángeles del cosmos. Sólo en la medida en que asisten al hombre en la búsqueda de su fin último son ellos a la vez, para él, ministros de los dones de Dios tanto en el orden natural cuanto en el sobrenatural.[5]

No es, pues, la función de los ángeles en el mundo material, ni junto a la humanidad primitiva, lo que será nuestro punto de partida, sino su relación con lo que es propiamente el comienzo de la historia de la salvación en el sentido estricto del término, vale decir, la elección del pueblo de Israel. La idea de que el pueblo de Israel fue objeto de una asistencia particular de los ángeles viene del Antiguo Testamento y de la tradición judía. Más precisamente el Libro de Daniel nos muestra en el arcángel Miguel al protector del pueblo.[6] Este dato lo volveremos a hallar en la literatura judía[7] y los cristianos lo retomaron.[8] El Pseudo-Dionisio será el eco de la tradición: "La teología —dice— llama Miguel al ángel del pueblo de Israel".[9]

Esta asistencia de los ángeles al pueblo judío se manifiesta ante todo en que ellos son los ministros de las revelaciones de Dios. Así, un ángel promete a Abraham que será el padre de una numerosa posteridad;[10] la mujer de Manué se entera por un ángel

---

5. Es así como los enfoca Heb 1, 14.
6. Dn 10, 13-21; 12, 1.
7. W. LÜCKEN, *Michaël*, pp. 17-20
8. Ver HERMAS, *El Pastor*, Sem. VIII. 2-3.
9. *Hier. Cael., IX, 2.*
10. Gn 22, 15-18.

de que tendrá un hijo.[11] Los ángeles acuden también a reconfortar a los siervos de Dios en el cumplimiento de sus tareas.[12] Pero la tradición judía y, tras ella, los autores cristianos no se limitan a esa asistencia en casos puntuales. Para ellos es el conjunto de la economía del Antiguo Testamento lo que ha sido comunicado a los judíos por intermedio de los ángeles. Clemente de Alejandría explica que son los ángeles Protoctistas los que realizan las alianzas por intermedio de los ángeles.[13] Así, "Abraham fue iniciado en los secretos de Dios por un ángel", nos dirá en *Strom*. V, 11.[14]

De este papel de los ángeles en la transmisión de la Antigua Alianza existe un caso eminente que es el de la comunicación de la Ley. Era esta una doctrina corriente en el judaísmo precristiano. Ya la traducción griega del *Deuteronomio* 33, 2, donde el desarrollo de la angelología aparece tan claramente, atestigua la presencia de los ángeles en el Sinaí. En lugar de: "Ha venido Yahveh del Sinaí; de su diestra brotaban chorros de luz", el texto griego lee: "A su derecha lo acompañaban ángeles". El *Libro de los Jubileos* nos muestra a Yahveh confiando al ángel de la presencia —que es probablemente Miguel, el ángel protector de Israel— la redacción y promulgación de la Ley: "Yahveh dijo al ángel de la presencia: Escribe para Moisés desde el comienzo de la creación hasta la edificación de mi santuario entre ellos para toda la eternidad".[15] Y esto lo volvemos a encontrar en Flavio Josefo: "Hemos recibido de Dios, por intermedio de los ángeles, las más hermosas de las prescripciones y las más santas de las leyes".[16]

---

11. Jc 13, 3.

12. 1 Rey 19, 5.

13. *Eclog*. 51. Ver también *Strom*. VII, 2.

14. Sobre este mismo tema ver Hilario de Poitiers, *Tract. Psalm*. 118; PL IX, 633 B; *Tract. Psalm*. 121; PL IX, 661 C; Eusebio, *Praep. Ev.*, VII, 5; PG XXI, 516, A; Metodio, *De sanguisuga*, 7: "Es un ángel quien revela las cosas ocultas a Daniel, a Ezequiel, a Zacarías y a todos los profetas".

15. *Jub* I, 27.

16. *Ant. Jud*. XV, 5, 3.

Esta concepción vuelve a hallarse en la tradición cristiana. San Pablo ya hace mención de ella en la *Carta a los gálatas*: "La Ley ha sido añadida a causa de las transgresiones, hasta que llegase la descendencia: ha sido promulgada por los ángeles".[17] En los *Hechos de los Apóstoles* declara Esteban: "Ustedes recibieron la Ley por el ministerio de los ángeles y no la han guardado".[18] Y la *Carta a los hebreos* a su vez habla de "la palabra promulgada por los ángeles", para designar a la Ley mosaica por oposición al "mensajero anunciado por el Señor".[19] Esto vuelve a encontrarse en los Padres. Así en san Hilario: "Había entonces en el pueblo (judío) una guarda (custodia) espiritual y se proveía a la administración de la Ley comunicada por los ángeles".[20]

Puede observarse que la Ley aparece como un aspecto de una "vigilancia" de los ángeles sobre Israel. En otro texto el mismo san Hilario, comentando el *Salmo 67*, nos muestra los ejércitos celestiales presentes en el Sinaí con ocasión de la promulgación de la Ley: "Esas antorchas ardientes, esos fuegos deslumbradores, esos sordos truenos, ese terror que acompaña la entera teofanía manifiestan la presencia de los ministerios angélicos, que promulgan la Ley a través del mediador".[21] Agustín escribirá tras él: "Los ángeles publicaron la Ley con una voz terrible".[22] Tenemos aquí el eco de las tradiciones judías que atestiguaba la versión dada por los Setenta de Deut 33, 2-3. El Pseudo-Dionisio resumirá toda esta tradición en la *Jerarquía celestial*: "Como lo enseña la teología, la Ley nos es trasmitida por los ángeles. En los tiempos que precedieron a la Ley, como en el tiempo mismo de la Ley, fueron los ángeles los que guiaron a nuestros venerados antepasados hacia las realidades divinas, ya fuese prescribiéndoles reglas de conducta, o bien revelándoles,

---

17. Gál 3, 19.
18. Hech 7, 53.
19. Heb 2, 2-3.
20. *Tract. Psalm.* 54; PL IX, 353 C. Ver también: *Tract. Psalm.* 67; PL IX, 455 A; *Tract. Psalm.*137; PL IX, 787 A; METODIO, *De Sanguisuga*, 7.
21. *Tract. Psalm.* 67; PL IX, 455 C.
22. *Civ. Dei* X, 14; ver también X, 17.

en calidad de intérpretes, los santos mandatos, las visiones secretas de los misterios que no son de este mundo, o diversas profecías. Si alguien objeta que la tradición escrituraria afirma que las santas prescripciones de la Ley fueron trasmitidas directamente por Dios mismo a Moisés, responderemos que es para que no pudiéramos ignorar que esas prescripciones son la imagen misma de la Ley divina y sagrada. Pero la teología enseña sabiamente que esas prescripciones vinieron a nosotros por intermedio de los ángeles, a fin de que el orden mismo instituido por el divino Legislador nos enseñase que es a través de la mediación de los seres jerárquicamente superiores como los seres inferiores se elevan espiritualmente hacia lo divino".[23]

Si la promulgación de la Ley es el principal don hecho por Dios a su pueblo por el ministerio de los ángeles, empero no es el único. Orígenes escribe que "los ángeles servían al pueblo de Israel en la Ley y en los demás misterios".[24] Así es como, para san Hilario, el maná era dado por los ángeles: "La Ley ha sido promulgada por los ángeles y el hombre ha comido el pan de los ángeles, y se dice que los cielos derramaron su rocío en el Sinaí; es seguro que es por medio de los cielos, vale decir por los ángeles, como fue dado el maná en el Sinaí".[25]

Esto se apoya también en las tradiciones del judaísmo alejandrino, tal como lo testimonia Sab 16, 20. Por otra parte, para Hilario el pueblo de Israel es servido por los ángeles durante todo el tiempo del Éxodo.[26] Y es sin duda por esto que vemos a Cristo, verdadero Israel, servido por los ángeles en el desierto, después de los cuarenta días de la tentación que corresponden a los cuarenta años del Éxodo (Mc 1, 13), y esto seguirá siendo verdad, en el tiempo de la Iglesia, para todos aquellos que, saliendo de Egipto, se internaron

---

23. *Hier. Cael.* IV, 2-3.
24. *Comm. Cant.* 2; PG XIII, 136 B.
25. *Tract. Psalm.* 67; PL IX, 449 B. Ver EUSEBIO, *Comm. Psalm.* 77; PG XXIII, 917 B.
26. *Comm. Matth.* III, 1; PL IX, 928 B.

en el desierto hacia la montaña de la visión: "No retrocedas ante la soledad del desierto; permaneciendo en esas tiendas es como recibirás el pan celestial y comerás el pan de los ángeles".[27]

Esta asistencia de los ángeles respecto de Israel no concierne solamente a la comunicación de los bienes divinos, sino también a su conservación. San Hilario habla de la *custodia*, la tutela espiritual que les era asignada.[28] Para Israel los ángeles no sólo comunican la Ley sino que también la administran. Había así un ángel que velaba sobre la Ley y que aseguraba, hasta la venida de Cristo, la autenticidad de su interpretación. Esto es verdad también del Templo. Orígenes nos dice que "el arca de la Alianza, el propiciatorio, los querubines y el Templo mismo han sido dados a Israel por medio de los ángeles".[29] Pero el ángel velaba además sobre la santidad del Templo. Es quizá este ángel del Templo el que flagela a Heliodoro cuando quiere penetrar en el Santo de los Santos (2 Mac 3, 26). Esta protección del ángel sigue vinculada al Templo mientras la presencia de Dios está en él. Le es quitada cuando, a la muerte de Cristo, el Templo es desafectado y el velo quitado. Melitón de Sardes hace alusión a este detalle.[30] San Hilario es aun más explícito: en el momento de la crucifixión "el honor del velo le es quitado al Templo, junto con la guarda del ángel protector".[31]

Este último texto nos sugiere una observación importante en cuanto al significado del ministerio de los ángeles en el pueblo de Israel. Para los judíos, el papel de los ángeles como intermediarios entre Dios y los hombres se inserta en un orden general de las cosas. Esto es lo que retoma el Pseudo-Dionisio. Pero la concep-

---

27. ORÍGENES, *Hom. Num.* XVII, 3.
28. *Tract. Psalm.* 54; PL IX, 353 C.
29. *Comm. Cant.* 2, PG XIII, 136 B.
30. *Homilía sobre la Pascua*, 98.
31. *Comm. Matth.* XXXIII, 7; PL IX, 1075 B; Ver también *Tract. Psalm.* 59; PL IX, 379 B. Para EUSEBIO se trata de muchos ángeles: "El velo del Templo se rasgó; sin duda los ángeles, que habitaban desde siempre el Templo, se dispersaron y rasgaron el velo de tal modo que, dejado así vacío y privado de su custodia, el lugar de los misterios quedó abierto a los enemigos" (*Fragm. Luc.;* PG XXIV, 605 B. Ver también *Comm. Is.* 1; PG XXIV, 93 B).

ción cristiana antigua es distinta. La función de los ángeles en el Antiguo Testamento se halla ligada al aspecto preparatorio de este y cesa con la venida de Cristo, que asume directamente en sus manos la historia de la salvación. Y este parece ser el pensamiento de san Pablo. En los textos que hemos citado, este opone la comunicación de la Ley por medio de los ángeles a la revelación del Evangelio hecha por Cristo. Esto resulta particularmente subrayado por la *Carta a los hebreos*: "Dios no sometió a los ángeles el mundo por venir... sino que le ha sometido (a Cristo) todas las cosas, y nada ha quedado fuera de su dominio".[32]

Igualmente parece que deba interpretarse así la *Carta a los gálatas*: "Mientras el heredero es niño está sujeto a tutores y curadores. De la misma manera, también nosotros cuando éramos niños estábamos sujetos a la esclavitud de los elementos (στοιχεῖα) del mundo. Pero cuando vino la plenitud de los tiempos, Dios envió a su Hijo".[33] La comparación con Col 2, 8 parece autorizar a ver en estos "elementos" a los ángeles. Pues esta última epístola trata efectivamente de la "destitución" de los ángeles hecha por Cristo a su venida. Y no parece que en esos pasajes haya alusión a ángeles malos, sino simplemente a ángeles que podríamos decir perimidos y el culto a los cuales —del que ellos no son responsables— constituye un anacronismo, culpable desde el momento en que Cristo ha venido, como es ahora también igualmente anacrónica la observancia de la Ley de la que ellos eran promulgadores.[34]

Esta concepción paulina es desarrollada por Orígenes en su *Comentario al Cantar de los cantares*. Los amigos del Esposo son

---

32. Heb 2, 5-8.

33. Gál 4, 1-4.

34. Ver CRISÓSTOMO, *Hom. Col.* 2, 7. Después de haber hablado de los que conservan las fiestas judías añade: "Dicen que es preciso que seamos conducidos por los ángeles, no por Cristo" (PG LXII, 344). Es de notar que algunas expresiones peyorativas empleadas por san Pablo respecto de las potencias, que podrían hacer pensar que se trata de los demonios, no son diferentes de las que emplea a propósito de la Ley, que sin embargo es una institución divina. Esto se vincula con el género polémico de las Epístolas. Ver L. CERFAUX, *Le Christ dans la théologie de saint Paul*, 1951, p. 165.

los ángeles que instruyen a la Iglesia, vale decir al pueblo de Dios, durante el tiempo de sus esponsales, el del Antiguo Testamento. Pero la Iglesia aspira al beso del Esposo, es decir a su venida en persona: "Cuando me preparaba para mis nupcias con el Hijo del rey, los santos ángeles me asistieron y me siguieron, comunicándome la Ley a modo de regalo de esponsales. Pues en efecto se dice que 'la ley ha sido promulgada por los ángeles por el ministerio de un mediador' (Gál 3,19)... Pero como el mundo ya estaba cerca de su fin, y sin embargo aún no me era concedida Su presencia, sino que sólo veía a sus servidores subiendo y bajando hacia mí, entonces derramé mis oraciones ante ti, Padre de mi Esposo, suplicándote te apiadaras por fin de mi amor y me lo enviaras, para que ya no me hable más por medio de sus servidores los ángeles, sino que Él mismo venga a mí".[35]

Este paralelismo entre el Antiguo Testamento y los ángeles, por una parte, y el Nuevo Testamento y Cristo, por otra, es retomado por Orígenes a propósito de Cant 1, 11: "Te haremos collares de oro salpicados de plata", y aquí lo relaciona con el carácter figurativo de la Ley antigua, designada por la plata, en oposición con la realidad espiritual del Evangelio, que es el oro: "Nos proponemos mostrar cómo los santos ángeles, que antes de la venida de Cristo protegían a la esposa todavía adolescente, son estos amigos y compañeros del Esposo de que se habla aquí... Me parece, en efecto, que la Ley, que ha sido promulgada por los ángeles por el ministerio del mediador, contenía ciertamente la sombra de los bienes venideros, pero no su misma semejanza, y que todos los acontecimientos relatados en la Ley y que acontecían en figura, y no en realidad, son imitaciones del oro, y no oro verdadero"... "Entre estas imitaciones se contaban el arca de la Alianza, el propiciatorio, los querubines, el Templo mismo y todo lo que está escrito en la Ley. Son esas imitaciones las que han sido dadas a la Iglesia, que es la Esposa, por los ángeles que son los amigos del Esposo y que la servían en la Ley y los demás misterios. Es esto,

---

35. *Comm. Cant.* 1; PG XIII, 84 D; 85 A.

pienso, lo que san Pablo designaba cuando hablaba de 'la religión de los ángeles en aquellos que se hinchan con un vano orgullo por los pensamientos de la carne' (Col 2,18). Todo el culto y la religión de los judíos eran imitaciones del oro. Pero cuando alguien se vuelve hacia el Señor y le es quitado el velo, ve el oro verdadero".[36]

Es notable que Orígenes vincule precisamente el pasaje de Col 2, 18 a esta cuestión. Para él, el culto de los ángeles de que allí se trata es solamente el judaísmo mismo, en tanto que es promulgado por los ángeles. Esto constituye una exégesis de san Pablo conforme a lo que hemos dicho antes. Resulta de ella que esa economía era esencialmente provisoria, como lo es toda preparación: "Lo que era procurado por los ángeles, al ser solamente una imitación del oro, no tenía la promesa de durar siempre. Sino que un tiempo le ha sido fijado por los ángeles mismos, cuando ellos dicen que esas cosas han sido dadas 'En tanto el rey está en su recámara'".[37]

Un último rasgo interesante de esta interpretación de Orígenes es el paralelismo que instituye entre el papel de los ángeles en la preparación histórica de Cristo y su papel en la formación primera del alma: "Si explicamos el pasaje refiriéndolo al alma, surgirá que en tanto que esta es todavía joven y no formada, está puesta bajo la tutela de preceptores y celadores: son los ángeles, que son llamados guardianes de los niños y ven siempre la faz del Padre que está en el cielo. Lo que se le da entonces son imitaciones de oro. Todavía no se la alimenta con los sólidos manjares del Verbo".[38] Así, hay un paralelismo entre la historia de la humanidad y la historia individual. Y tanto en una como en otra historia el papel de los ángeles se vincula con los comienzos, las preparaciones. Es toda una teología general de las misiones angélicas la que se esboza aquí.

---

36. *Comm. Cant.* 2; PG XIII, 135 A; 136 C.

37. *Comm. Cant.* 2; PG XIII, 137 B. Así el ministerio de los ángeles ha sido siempre el de preparar la venida de Cristo: "El Padre ha enviado a los ángeles para anunciar la venida de Cristo. Pues si por medio de los ángeles la Ley fue dada a Moisés, la Ley anunciaba a Cristo" (METODIO, *De sanguisuga*, 7).

38. PG XIII, 138 C. Ver 85 BC.

2 LOS ÁNGELES Y LA RELIGIÓN CÓSMICA

La comunicación de las promesas y de la Ley representa un don eminente hecho por Dios al pueblo de Israel por intermedio de los ángeles. Esto no quiere decir que los otros pueblos antes de la venida de Cristo hayan estado totalmente desprovistos de toda asistencia divina y ajenos a toda preparación. Antes de la alianza con Abraham, el Antiguo Testamento contiene una primera alianza, la de Noé, contraída con la humanidad toda, que tiene por objeto la fidelidad de Dios en el cosmos y cuyo signo es el arco iris. Es esta alianza la que se invoca en los *Hechos de los Apóstoles*: "Dios ha dejado a las naciones seguir sus caminos, pero no dejó de darles testimonio de sí mismo, dándoles las lluvias y las estaciones fecundas y llenando sus corazones de sustento y alegría".[1] La regularidad de las leyes naturales es también una "hierofanía" a través de la cual el hombre puede reconocer la existencia de un Dios providente.[2] Esto es lo que enseña la *Carta a los romanos*: "Las perfecciones invisibles de Dios pueden ser reconocidas a través de las cosas creadas".[3]

Y en esta asistencia de Dios a las naciones también los ángeles tienen una función. En efecto, una doctrina común a toda la tradición antigua afirma que Dios ha confiado las naciones a sus ángeles. Esta doctrina remonta al judaísmo.[4] Tenemos un eco de

---

1. Hech 14, 16-17.
2. Ver MIRCEA ELIADE, *Traité d'histoire des religions*, p. 10, etc.
3. Rom 1, 20.
4. W. LÜCKEN, *Michaël*, pp. 15-18; HANS BIETENHARD, *Die himmlische Welt*, pp. 108-113.

ella en la traducción griega de Deut 32, 18, "Cuando Dios asignó a las naciones su herencia, fijó los límites de los pueblos según el número de los ángeles", y en otro texto se menciona a los ángeles de Grecia y de Persia.[5] Los apocalipsis judíos conocen esta doctrina,[6] y también Filón de Alejandría.[7] El Nuevo Testamento parece suponerla[8] y la volvemos a encontrar en los Padres. Ireneo la menciona.[9] Clemente de Alejandría escribe: "Las presidencias de los ángeles han sido distribuidas de acuerdo a las naciones y a las ciudades",[10] y en otro pasaje: "Los ángeles han sido distribuidos entre las naciones conforme a una ordenación antigua y divina".[11] Hipólito habla en el mismo sentido.[12]

Orígenes asigna a esta doctrina un lugar importante en su sistema:[13] "Algunas potencias —escribe— han recibido en este mundo la presidencia de naciones determinadas".[14] Siguiendo la tradición judía, vincula esta división de los pueblos entre los ángeles a la dispersión después de la torre de Babel.[15] Los Padres del siglo IV conocen también a los ángeles de las naciones: "Que haya ángeles que custodian naciones enteras, esto es lo que enseñan Moisés y los profetas", escribe san Basilio.[16] Y en otra parte: "Numerosos son los arcontes y los etnarcas establecidos para proteger y custodiar cada uno al pueblo que le está confiado".[17] San Juan Crisóstomo testi-

5. Dn 10, 13-21.

6. *Henoch*, LXXXIX.

7. *De posteritate Caini*, 26.

8. Hech 17, 36. Ver O. CULLMANN, *Christus und die Zeit*, pp. 169-186.

9. *Adv. Haer.* III, 12, 9.

10. *Strom.* VI, 17.

11. *Strom.* VII, 6.

12. *Comm. Dan.* IV, 40, 4.

13. J. DANIÉLOU, *Origène*, pp. 223-235 (en la traducción castellana, *Orígenes*, ed. Sudamericana, Buenos Aires, 1958, pp. 276-296, N. del T.).

14. *De Princ.* III, 3, 3.

15. *Contr. Cels.* V, 30.

16. *Adv. Eunom.* 3, 1; PG XXIX, 657 A.

17. *Comm. Is.* X, 240; PG XXX, 540 D.

monia en el mismo sentido.[18] Y el Pseudo-Dionisio incorpora esta doctrina a su exposición general de la angelología: "La teología ha distribuido a los ángeles la jerarquía que nos concierne, llamando Miguel al ángel de Israel y dando otros nombres a los de las otras naciones. En efecto, el Altísimo ha fijado fronteras a las naciones según el número de los ángeles de Dios".[19]

Esta misión de los ángeles respecto de las naciones concierne ante todo a su protección y su asistencia temporal. Orígenes, siguiendo la tradición judía, les atribuye un papel en el origen de las diversas lenguas.[20] Pero su misión es ante todo espiritual. Y particularmente, según algunos autores, desempeñan un papel en la revelación natural de Dios. Como dirá el Pseudo-Dionisio, "los ángeles encargados del cuidado sagrado de cada nación elevaron a todos aquellos que efectivamente quisieron seguirlos hacia el único principio universal".[21] Tienen por misión conducir a Dios a los pueblos paganos. Hay aquí una concepción muy rica desde el punto de vista misional. Los pueblos paganos no están desprovistos de todo auxilio. Los ángeles de Dios los asisten, tratando de conducirlos al verdadero Dios, preparando los caminos del Señor. Orígenes nos muestra a uno de estos ángeles en el macedonio que se aparece a san Pablo pidiéndole ayuda.[22]

Esto también es importante para el juicio que se ha de formular sobre las religiones paganas. Por más pervertidas que estén, conservan vestigios de la revelación natural, y estos vestigios se deben a los ángeles, que se los han comunicado y que tratan de mantenerlos. Clemente de Alejandría, cuya actitud benévola res-

---

18. *De laud. Paul*, 2; PG L, 482. Ver también SAN HILARIO, *Tract. Psalm*. 61; PL IX, 396 B.; 67, PL IX, 449 B): "Las naciones estaban sometidas al poder de los elementos". Obsérvese este último término, que traduce el griego στοιχεῖα y hace alusión a Gál 4, 3 donde, por lo tanto, Hilario entendía que se trataba de ángeles.

19. *Hier. Cael*., IX, 2.

20. *Contr. Cels*. V, 30. Ver J. DANIÉLOU, "Les sources juives de la doctrine des anges des nations chez Origène", *Rech. Sc. Relig*., 1951, p. 132.

21. *Hier. Cael*., IX, 3.

22. *Hom. Luc*., 12.

pecto del mundo pagano es bien conocida, no duda en asimilar el papel de los ángeles en la comunicación de la Ley a los judíos, y en la de la filosofía a los griegos: "El poder divino nos procura los bienes visibles y universales por medio de los ángeles. Esta manera de obrar es puesta de manifiesto por las alianzas de los judíos, por la legislación de los griegos y por las enseñanzas de la filosofía".[23] Y vincula directamente esto a la doctrina de los ángeles de las naciones: "Dios ha dado la filosofía a los griegos por medio de los ángeles inferiores. En efecto, por una disposición divina y antigua las naciones han sido distribuidas entre los ángeles".[24]

Así, para algunos de los Padres antiguos, toda la parte de verdad que los pueblos paganos han conocido y que el cristianismo, por su parte, reconocerá al asumirla, la sabiduría del derecho romano, las verdades de orden filosófico alcanzadas por Platón y Aristóteles, todo eso les ha venido de la providencia del Dios único, que actuaba a través del ministerio de los ángeles: "La Providencia universal del único Altísimo había confiado para su salvación todos los pueblos a ángeles, encargados de conducirlos hasta el".[25] Se trata sin duda de todos los pueblos. Y no son solamente las verdades parciales alcanzadas por los griegos y los romanos, sino también las de los otros pueblos, las que han llegado por medio de los ángeles y que son susceptibles de ser asumidas por el cristianismo. Orígenes declara que tal es el caso para "la filosofía oculta y secreta de los egipcios", "la religión astral de los caldeos" e incluso para "las promesas de los hindúes relativas a la ciencia de Dios".[26] Es notable ver a Orígenes declarar ya entonces

---

23. *Strom.* VI, 17. El lazo entre los ángeles y la filosofía se remonta a san Pablo (1 Cor 2, 6). L. Cerfaux puede escribir: "Las potencias han intervenido: la filosofía es suya. Los ángeles que han dado la Ley y estas potencias obran en el mismo sentido" (*Le Christ dans la théologie de saint Paul*, pp. 191 y 199). Pero se equivoca Cerfaux al decir: "Los antiguos (Orígenes) interpretaban los arcontes de las Potencias malignas" (íd. p. 199). En realidad, el término, en san Pablo, insiste sobre la perversión que los malos ángeles han hecho sufrir a la filosofía, lo cual no excluye que en la comunicación de esta hayan podido intervenir los ángeles buenos.

24. *Strom.* VII, 2.

25. *Hier. Cael.* IX, 4.

26. *De Princ.* III, 3, 2.

que la sabiduría de la India contiene partes de verdad que el cristianismo puede reconocer. Y todo eso le ha llegado a cada uno de esos pueblos por medio de los ángeles: "Leemos en las Escrituras que hay príncipes de cada nación, y el contexto muestra bien que se trata de ángeles y no de hombres. Son esos príncipes y las otras potencias de este mundo, los que tienen cada uno su ciencia y enseñan su doctrina".[27] Es de notar también la alusión de Orígenes a la religión astral de los Caldeos. En otro pasaje vuelve sobre este punto: "(La religión astral) ha sido dada por Dios a todos los pueblos que existen bajo el cielo, salvo a aquellos que Dios ha querido reservarse, entre las naciones, como su porción elegida".[28] Este pensamiento de Orígenes podría parecer una justificación del culto rendido a los astros mismos. Pero puede ser interpretado en otra forma, como refiriéndose al conocimiento de Dios a través de la alianza cósmica, a través de la Providencia tal como ella se revela ante todo por la contemplación del cielo estrellado.[29]

Es particularmente en este sentido como los Padres de la Iglesia han interpretado la religión de Abraham antes de su conversión. Era "caldeo", lo que para ellos significaba que adoraba al verdadero Dios a través de sus manifestaciones en el cielo estrellado.[30] Es notable que la encíclica *Evangelii praecones*, al dar un ejemplo de los valores religiosos auténticos que se encuentran en las religiones paganas, cite un texto de san Basilio que hace alusión al "caldeísmo de Daniel". Igualmente Eusebio parece ser un exégeta autorizado del pensamiento de Orígenes, cuando ilumina su doctrina vinculándola con la de la *Carta a los romanos*: "Por medio de una misteriosa economía Dios ha distribuido todas las naciones (excepto los judíos, que se ha reservado) entre los gober-

---

27. *De Princ.* III, 3, 2.
28. *Contr. Cels.* V, 10.
29. Acerca de esta ambigüedad del culto del cielo en las filosofías antiguas, ver A. J. Festugière, *Le Dieu cosmique*, pp. 120-250.
30. Gregorio de Nyssa, *Contr. Eunom.* 12; PG XLV, 940 AB; Justino, *Diál.*, LV, 1; Clemente Alej., *Strom.* VI, 14.

nadores invisibles de las naciones, que son los ángeles. Estos ángeles, gobernadores y pastores, han considerado conveniente que los hombres que no eran capaces de contemplar en espíritu lo invisible, ni de elevarse hasta allí, a causa de su debilidad, se volviesen hacia las realidades que se ven en el cielo: el sol, la luna y los astros. En efecto, estos objetos, que tienen un rango eminente en el universo visible, atraían hacia lo alto, lo más cerca posible y como en el vestíbulo del rey del universo, los ojos de los que los veían, y a través de su grandeza y su belleza los llevaban a contemplar por analogía al creador del universo. Ciertamente, dice el divino apóstol, desde la creación del mundo las realidades de Dios son vistas a través de las cosas creadas".[31] Se puede notar la vinculación que establece Eusebio entre la religión astral y el texto de la *Carta a los romanos*. Para él no se trata de una adoración de los astros, ni del cosmos mismo, sino de un conocimiento del Dios creador a través del movimiento del cielo. Tal es el plan de la revelación natural, que aparece así vinculada a los ángeles, a los cuales san Pablo vinculaba la revelación del Sinaí. El sol y los astros aparecen como otros tantos símbolos sagrados, sacramentos naturales de lo divino. Es lo que expresa Lactancio, en la misma época que Eusebio: "Dios ha encendido el sol, luz única, brillante, como argumento de su única majestad".[32] Y Prudencio será el eco de esta doctrina: "Dios ha puesto ante nuestros ojos un símbolo notable de la unidad de Dios. En la arena inmensa del cielo, es una sola antorcha la que hace la revolución de los días, es un único sol el que teje la trama del año".[33] Así, los ángeles han sido encargados de conducir a las naciones hacia el Dios único. Pero, de hecho, el estudio de las religiones no nos muestra en ninguna parte que hayan tenido éxito. Si bien contienen partículas de verdad, todas las religiones del mundo anterior a Cristo, fuera del judaísmo, se hallan profundamente pervertidas. ¿A qué se debe esto? El Pseu-

31. Eusebio, *Dem. Evang.*, IV, 7-8; PG XXII, 268 B - 269 B.
32. *Inst. Div.* II, 6; PL VI, 277. Ver también 308.
33. *Hamartigenes*, 67-71.

do-Dionisio responde: "Si nos preguntan cómo puede ser que el pueblo judío haya sido elevado a las iluminaciones teárquicas, hay que responder que los ángeles cumplieron con toda corrección su función de tutela y que no es culpa de ellos si las otras naciones se desviaron al culto de falsos dioses. Pues son ellas quienes, por su propia iniciativa, abandonaron el camino recto de la ascensión espiritual hacia lo divino. Y a la medida de su egoísmo y de su presunción cayeron en la veneración de ídolos".[34] El Pseudo-Dionisio retoma aquí, en la perspectiva de los ángeles de las naciones, la doctrina de san Pablo en la *Carta a los romanos*: "Dios se ha hecho conocer a las naciones a través de las realidades visibles del mundo", pero los hombres "cambiaron la gloria del Dios invisible por la idolatría de figuras de hombres y de animales".[35]

Así, por todas partes, los vestigios de verdad se hallan profundamente corrompidos por la idolatría, sólo allí donde han encontrado almas totalmente abiertas a la luz de Dios han podido los ángeles cumplir su misión y conducirlas al conocimiento del verdadero Dios a través de la revelación cósmica. Existe un ejemplo eminente de estas excepciones, el de Melquisedec. El Pseudo-Dionisio lo menciona: "Los ángeles encargados del cuidado sagrado de cada nación elevaron a todos aquellos que verdaderamente quisieron seguirles. Hay que pensar en Melquisedec, que tuvo un amor tan grande por Dios y que no fue el sacerdote de los falsos dioses sino del Dios Altísimo y verdadero, pues los conocedores de la sabiduría divina no se han contentado con llamar a Melquisedec 'amigo de Dios', sino que también lo han llamado sacerdote, para marcar que su papel no fue solamente el de convertirse personalmente al verdadero Dios, sino también el de conducir a los demás en la ascensión espiritual".[36] Y ya Justino enumeraba, entre los discípulos del Verbo antes de su venida, a Sócrates, Job y Platón.

---

34. *Hier. Cael.* XI, 3.
35. Rom 1, 23.
36. *Hier. Cael.* IX, 3.

El Pseudo-Dionisio veía en la mala voluntad de los hombres el gran obstáculo a la acción de los ángeles. Pero habrá que añadirle otro, que es la acción de los demonios. Si las naciones tienen sus ángeles buenos, enviados por Dios para ayudarlas y guiarlas, también son objeto de la codicia de los demonios, que tratan de apartarlas del verdadero Dios. Y el gran medio que tienen para esto es arrastrarlas a la idolatría: esa idolatría, en la que san Pablo veía la corrupción de la religión primitiva, transmitida por Dios a las naciones, es esencialmente la obra del demonio. Así los demonios sustituyeron a los ángeles en el gobierno y la dirección de las naciones. Y por eso, respecto de ellas, más a menudo hay que hablar de los ángeles malos que de los buenos.

Este origen de la idolatría es descrito por todos los Padres. Ya los apocalipsis judíos lo atribuían a los demonios.[37] Y Eusebio cita a este propósito Rom 1, 21-23, que describe la corrupción de la religión natural en idolatría. Pero no era eso lo que había existido antes: "Que, en los tiempos antiguos, los mortales se hayan vuelto únicamente hacia los astros celestes y que hayan ignorado a los ídolos y las ilusiones del demonio, es lo que he mostrado en la *Preparación evangélica*, donde he demostrado que los más antiguos de los hombres no fabricaban ídolos y no servían a los demonios invisibles, sino solamente a aquellos (espíritus) entre los cuales la Escritura nos dice que fueron distribuidas las naciones. Y es hora de que los griegos reconozcan, dando crédito a sus propios textos, que la idolatría y el culto de los demonios son una superstición reciente, ajena a la religión de los antiguos".[38]

Esta explicación de Eusebio es interesante para resolver la ambigüedad que presentaban los ángeles de las naciones, que aparecen a veces como buenos y a veces como malos.[39] En reali-

---

37. *Henoch*, XIX, 1; XCIX, 7.

38. *Dem. Evang.*, IV, 9; PG XXII, 2175 BC. Para Metodio de Olimpia, los hombres, antes del diluvio, vivían todavía "en la familiaridad de los ángeles" (*Banquete*, VII, 5).

39. Ver L. CERFAUX, *Le Christ dans la théologie de saint Paul*, pp. 77-83; J. DANIÉLOU, *Origène*, p. 227 (Traducción castellana: *Orígenes*, Buenos Aires, 1958, pág. 258).

dad, existen los unos y los otros. Dios ha confiado las naciones a ángeles buenos que les han enseñado la religión del verdadero Dios, tal como él se manifiesta por el movimiento del cielo, pero los malos ángeles las han apartado de la religión natural y las han arrastrado a la perversión de la idolatría. Esto se ajusta bien a la historia religiosa de los pueblos paganos, tal como la describe la *Carta a los romanos*. Es toda una teología de la historia de las religiones la que esboza aquí Eusebio al distinguir, en las religiones no bíblicas, la revelación cósmica, que es la del Dios verdadero, y la idolatría, que es su perversión.

3   LOS ÁNGELES DE LA NAVIDAD

La venida de Cristo, según san Pablo, debería poner término al ministerio de los ángeles. Jesús es el único ministro de la Nueva Alianza.[1] Pero en realidad nada de esto ocurre. Si Cristo es de ahí en más el centro de la historia de la salvación, todo el mundo de los ángeles está a su lado para servirle. Por una parte, los ángeles a quienes estaba confiado el cuidado de la tierra lo reciben con alegría y se ponen a su servicio. Y, por otra parte, los ángeles del cielo descienden con él para ser los ministros y testigos de su obra. El aspecto jerárquico aparece aquí en el marco del aspecto histórico. Esta manifestación de los ángeles llena sobre todo dos momentos de la vida de Cristo: el comienzo y el fin, la infancia y la gloria, la natividad y la ascensión. A propósito de estos dos misterios los ángeles son mencionados particularmente en el Evangelio. Los abordaremos sucesivamente.

Los padres de la Iglesia nos presentan los tiempos que preceden a Cristo como tiempos que acusan un incremento del poder de los demonios. Los vestigios de la revelación monoteísta, comunicada a todos los hombres por el ministerio de los ángeles, se esfuman ante la proliferación de la idolatría demoníaca. Aun en la porción de Dios, el pueblo de Israel, la ola de pecado no cesa de crecer. Los ángeles a los que habían sido confiadas las naciones se muestran impotentes para impedir el desborde del mal: "Antes de la venida de Cristo, los buenos ángeles poco podían hacer para provecho de aquellos que les estaban confiados. Cuando el ángel

---

1. "Para aquellos que se han convertido, el Señor mismo es su Pastor, no ya solamente por medio de los ángeles, sino por sí mismo" (EUSEBIO, *Dem. Evang.* VII, 2; PG XXII, 540 C).

de los egipcios ayudaba a los egipcios, apenas si algún prosélito creía en Dios".[2] Y lo mismo dirá san Juan Crisóstomo: "Dios hacía todo lo posible mediante sus ángeles, pero nada mejoraba".[3]

Eusebio desarrolla con mas precisión esta visión pesimista: "Como en tal aluvión de vicios los ángeles, anteriormente puestos a presidir los pueblos, nada podían hacer para socorrerlos y sólo se preocupaban del resto de la creación, presidiendo las partes del cosmos y siguiendo como de ordinario la voluntad del Dios creador del universo sin poder impedir la caída de los hombres, a causa de la elección que estos libremente habían hecho del pecado, un mal prolongado y sin remedio se había enseñoreado de los habitantes de la tierra. Los pueblos, unos de una manera y otros de otra, eran aguijoneados por los malos demonios y caían en un espantoso abismo de vicios. Aun la misma familia de los judíos se veía arrastrada en la corrupción de las naciones".[4] Se ha de notar que, para Eusebio, los ángeles, desalentados por no poder hacer nada por los pueblos paganos, se contentan con administrar el cosmos visible.

En medio de esta situación desesperada el Verbo de Dios se encarna, para venir en auxilio de sus ángeles. En efecto, Eusebio continúa: "Cuando tal cantidad de males eran perpetrados por los malos demonios y su jefe, sobre la tierra entera, sin que ninguno de los ángeles responsables fuese capaz de oponérsele, el Señor del universo, acatando la orden del amor (ἀγάπη) del Padre, cuando la familia que le es querida rodaba por los abismos de la iniquidad, envió primero débiles rayos de su propia luz por medio del profeta Moisés y de los que le han precedido. Pero como ningún hombre entre los que vinieron después de él aportaba remedio a los males de la vida y la actividad del demonio seguía creciendo, entonces el Salvador mismo vino a los hombres como médico,

---

2. ORÍGENES, *Hom. Luc.*, 12.
3. *Hom. Eph.*, 1; PG LXIII, 16.
4. *Dem. Evang.*, IV, 10; PG XXII, 273 D y ss. Ver también HILARIO, *Tract. Psalm.* 52; PL IX, 335 D; EUSEBIO, *Theophania*; PG XXIV, 629 BC.

trayendo auxilio a sus propios ángeles para la salvación de los hombres".[5]

También los ángeles encargados de las naciones acogen con alegría la venida del Salvador: "De ahí en más, ya no es solamente el Israel justo y que ve a Dios el que es su porción propia, sino que a todas las naciones de la tierra, que hasta ahí eran porciones confiadas a numerosos ángeles y se envilecían en múltiples impiedades, el Salvador las pone ahora bajo su propio poder y les anuncia la gnosis y el amor de su Padre. Asimismo, cuando en ocasión de su venida él fue visto por sus propios ángeles, que hasta ahí presidían las naciones, estos reconocieron inmediatamente a su Señor que venía en auxilio de ellos y vinieron a él, gozosos, para servirle. Como lo dice la Escritura: 'Y sus ángeles se acercaban para servirlo'. Y en otro pasaje: 'Había una multitud de la milicia celestial que glorificaba a Dios'".[6] El misterio angélico de Navidad es ante todo el de los ángeles de las naciones, que rodean al Niño Dios venido en auxilio de los pueblos paganos que les habían sido confiados y a los cuales esos ángeles prodigaban su asistencia.[7]

Pero el misterio angélico de Navidad no es solamente ese. Es también el de las milicias celestes que descienden del cielo con el Verbo que se encarna, para rodearlo de su adoración y servirlo como Señor. San Hilario reúne acerca de este punto los datos del Evangelio cuando escribe: "Cuando Cristo descendió para asumir la naturaleza humana fue acompañado por una asistencia celestial: cuando la buena nueva es anunciada a María; cuando los pastores ven la asamblea celestial y oyen sus voces; cuando después

---

5. *Dem. Evang.*, IV, 10; PG XXII, 276 AB.

6. *Dem. Evang.*, IV, 10; PG XXII, 277 B. Ver: Comm. Psal. 71; PG XXIII, 808 D.

7. Ver ORÍGENES: "Fue una gran alegría para aquellos a quienes estaba confiado el cuidado de los hombres y de las naciones la venida de Cristo al mundo" (*Hom. Luc.* 12). Y más tarde HILARIO, *Comm. Matth.*, VII, 3; PL IX, 955; *Tract. Psal.* 2; PL IX, 280 A. Esto parece concordar con el pensamiento de san Pablo sobre los ángeles buenos, que L. Cerfaux resume así: "Ellos han conservado intacta (a diferencia de los ángeles malos) su delegación primera para el gobierno de la creación, y tienen por misión conducir a esta a Dios sometiéndose plena y espontáneamente al reino de Cristo" (*Le Christ dans la théologie de saint Paul*, p. 83).

de la tentación del demonio, los ángeles lo sirven. Así el cielo se inclina cuando la virtud y el honor de los seres celestiales se abaja hacia las tierras".[8] Ya Orígenes había mostrado a los ángeles presurosos por descender con el Verbo: "Cuando los ángeles vieron al príncipe de la milicia celeste habitar en los lugares terrestres, entraron por el camino que él había abierto, siguiendo a su Señor y obedientes a la voluntad de aquel que los distribuye como guardianes de los que creen en él. Los ángeles están al servicio de tu salvación, han sido concedidos al Hijo de Dios para seguirlo. Y dicen entre ellos: Si él ha descendido a un cuerpo, si ha revestido una carne mortal, no podemos quedarnos sin hacer nada. ¡Vamos, ángeles, descendamos todos del cielo! Y fue así como había una multitud de la milicia celestial que alababa y glorificaba a Dios cuando nació Cristo. Todo está lleno de ángeles".[9]

Así el texto de Lucas es interpretado por Orígenes no ya de los ángeles de las naciones, sino de las milicias celestes que descendieron con Cristo. Y ambas interpretaciones se aclararán enseguida. Por ahora limitémonos a notar que los ángeles del cielo aparecen como los ministros y servidores de Cristo en el cumplimiento de su obra.[10] Gregorio de Nacianzo los llama "los iniciados (μύστιδες) de la encarnación". A ellos, en efecto, ha sido revelado por vez primera el misterio escondido en Dios desde toda la eternidad. "Gabriel no ha podido conocer los misterios sino por el Espíritu Santo", escribe san Basilio.[11] Pero es a ellos a quienes es revelado primero, para que sean sus mensajeros: "Aun en lo que concierne al misterio divino del amor de Jesús por los hombres, fueron en primer lugar los ángeles quienes recibieron la iniciación en él".[12]

---

8. *Tract. Psalm.* 14 3; PL IX, 849 A. Ver: Eusebio, *Dem. Evang.*, VI, 18; VI, 25; PG XXII, 484 C; ibid. X, 7; PG XXII, 756 B.

9. *Hom. Ezeq.*, I, 7. Ver también: Clemente Alej., *Excerpta*, 35, 43; PG IX, 676, 680; Orígenes, *Comm. Jo.*, II, 25; VI, 27; X, 7; Gregorio de Nyssa, *Hom. Cant.*, 5; PG XLIV, 881 A; Atanasio, *Expos. Psalm.* XXIII; PG XXVII, 141 CD.

10. Basilio, PG XXXII, 673.

11. PG XXXI, 37.

12. Pseudo-Dionisio, *Hier. Cael.*, IV, 4. Esto pasará a ser doctrina común. Ver: Santo Tomás de Aquino, *S. Th.* I, q. 57, art. 5.

Así, aun con la venida de Cristo, los ángeles siguen siendo los mensajeros de las revelaciones divinas. El Pseudo-Dionisio insiste sobre este punto: "Es por medio de ellos como la gracia del conocimiento del misterio de Cristo descendió hasta nosotros. Fue así como el muy divino Gabriel comunicó al gran sacerdote Zacarías que el niño que nacería de él contra toda esperanza y por la gracia de Dios sería el profeta de la obra teándrica de Jesús. Fue Gabriel igualmente quien hizo saber a María que en ella se cumpliría el misterio teárquico de la indecible encarnación. Un ángel también instruyó a José acerca del pleno y verdadero cumplimiento de las promesas divinas hechas a su abuelo David. Y otro comunicó la buena nueva a los pastores, al mismo tiempo que el conjunto del ejército celestial trasmitía a los habitantes de la tierra el celebérrimo cántico de la glorificación".[13]

Los ángeles no solamente son los mensajeros del misterio de Cristo ante los hombres sino que también, como lo hace notar profundamente el Pseudo-Dionisio, tienen que cumplir una función de mensajeros ante la humanidad de Cristo: "Alcemos los ojos hacia las más altas revelaciones de las Escrituras. Observo, en efecto, que Jesús mismo, causa superesencial de las esencias que viven más allá del cielo, habiendo condescendido, sin mutación de su propia naturaleza, a la naturaleza humana, no abandonó de modo alguno el orden que él había instituido, sino que se sometió dócilmente a las formas trasmitidas por los ángeles de parte del Padre. Fue igualmente por intermedio de ellos como el decreto del Padre concerniente a la huida a Egipto fue notificado a José. Es también por intermedio de los ángeles como veo a Jesús sumiso a los decretos de su Padre. Y no hace falta, pues tú conoces las revelaciones de nuestras santas tradiciones, hablar aquí del ángel que confortó a Jesús".[14]

El ministerio de los ángeles junto a la humanidad del Verbo se extiende desde su nacimiento hasta su pasión. Pero hay un misterio en el cual los ángeles no pueden servirlo, y es el del descenso a los

---

13. *Hier. Cael.*, IV, 4.
14. *Hier. Cael.*, IV, 4.

infiernos. Solamente el Señor de los ángeles puede descender al dominio de la muerte para destruir el poder de la Muerte. Es lo que explica Eusebio al comentar el versículo 'La tribulación está cerca y no hay nadie para ayudarme':[15] "Lo más pesado de la agonía que entonces lo abatió fue que ninguno de los ángeles propicios y ayudadores y ninguna de las potencias divinas osaron avanzar en el ámbito de la muerte ni trabajar con él para ayudar a las almas que allí se hallaban. Sólo él, en efecto, podía hacerlo sin temor, porque sólo para él las puertas de la muerte se abrieron y los carceleros de la muerte quedaron aterrorizados al verlo solo. Fue al ver la dominación impía del tirano, tan fuerte que ninguna otra dominación entre las del cielo se atrevía a presentarse con él en las regiones de allá abajo y trabajar con él en la salvación de las almas, cuando él dijo con razón que la angustia estaba cerca y que no había nadie para ayudarlo".[16]

Se ha podido observar que el Pseudo-Dionisio se complace en subrayar la permanencia de la mediación de los ángeles después de la venida de Jesús. A la inversa, los Padres antiguos subrayaban, siguiendo a san Pablo, la cesación de esa mediación. En realidad, son dos aspectos del misterio. Por una parte es seguro que la economía de salvación antigua se transmitía más directamente mediante el ministerio de los ángeles y que esta mediación cesó con Cristo, porque él mismo es el "Ángel" del nuevo "Testamento". El Pseudo-Dionisio, que minimiza la historia de la salvación, lo desconoce. Pero por otra parte es claro que, si bien los ángeles no tienen ya más la función de mediación, siguen siendo los ministros de aquel que es el único Mediador y, por consiguiente, su ministerio se continúa después de la venida de Cristo. Hay que añadir, empero, que ese ministerio aparece más subordinado de lo que sin duda lo muestra Dionisio. De ahí en adelante, el hombre tiene en Cristo acceso inmediato al Padre sin pasar por la intermediación de los ángeles, que están ahí solamente para ayudarlo en las primeras etapas de su ascensión.

---

15. Sal 22, 12.
16. *Dem. Evang.*, 10; PG XXII, 777 CD.

Hay que añadir, por último, que los ángeles de las jerarquías superiores, que descienden con el Verbo, puesto que lo rodean con su perpetua adoración, no sólo son sus mensajeros ante los hombres, sino también ante los ángeles inferiores, encargados más inmediatamente del gobierno de las cosas terrestres. El Pseudo-Dionisio hará de esta concepción la clave fundamental de su angelología: "El orden superior, compuesto por los querubines, los serafines y los tronos, más próximos, por su dignidad, al santuario secreto, inicia misteriosamente al segundo orden, compuesto por las virtudes, las potestades y las dominaciones. Este, a su vez, revela los misterios a los principados, a los arcángeles y a los ángeles, que presiden las jerarquías humanas".[17] Sabido es que santo Tomás retomará esta doctrina y la integrará a la tradición común.

Por tanto, el caso que nos ocupa es un ejemplo de la iluminación de los órdenes inferiores por los superiores. Este tema de una anunciación a los ángeles aparece en Orígenes. Interpreta alegóricamente a los pastores de Belén como los ángeles de las naciones, jugando sobre el término *pastor* (ποιμήν) que puede convenir tanto a los unos como a los otros: "Los pastores pueden ser considerados como ángeles a quienes están confiados los hombres. Todos tenían necesidad de ayuda para que las naciones que les estaban confiadas fuesen bien gobernadas. Así, a ellos ha venido el ángel para anunciarles el nacimiento del verdadero Pastor".[18] Volvemos a encontrar aquí el tema de la expectación de los ángeles, encargados de las cosas terrestres y que eran impotentes para conducirlas a buen puerto. Esperaban una intervención divina que viniese en su ayuda. Y es a ellos que se dirigen primero los mensajeros celestiales, para anunciarles la Buena Nueva.

Gregorio de Nyssa desarrolla la misma idea, a propósito del *Salmo 24*, en su *Sermón sobre la Ascensión*: "El sublime Profeta, habiendo salido de sí mismo, de modo de no verse ya trabado por el peso del cuerpo, y habiéndose mezclado con las potencias hi-

---

17. *Hier. Cael.*, IX, 3, 1.
18. *Hom. Luc.*, 12.

percósmicas, nos expone las palabras de estas cuando, escoltando al Señor en su descenso a este mundo, ordenan a los ángeles que rodean la tierra, a los cuales está confiado el cuidado de la vida humana, elevar sus puertas diciendo: 'Quiten las puertas, príncipes, y elévense, puertas eternas, y entrará el Rey de la gloria'. Y como, dondequiera se dirija Aquel que lo contiene todo en sí, se hace semejante a los que lo reciben, no solamente se hace hombre con los hombres, sino que, viniendo de la misma manera entre los ángeles, condesciende a la naturaleza de estos. Así los porteros interrogan al que habla, diciendo: '¿Quién es este Rey de la gloria?' Y por eso estos responden que es poderoso y fuerte en los combates, el que se va a enfrentar con aquel que había reducido a servidumbre a la humanidad, y va a destruir a aquel que tenía el poder de la muerte".[19]

Podemos dejar de lado lo concerniente a Cristo revistiendo la forma de ángel al atravesar la esfera de los ángeles.[20] Este tema, que se remonta a la *Ascensión de Isaías*, deriva de especulaciones que no hemos de considerar aquí.[21] Pero sí es interesante para nosotros lo que concierne a las dos categorías de ángeles. Por una parte, las potencias hipercósmicas escoltan al Señor en su descenso y le preparan los caminos; por otra, los ángeles que tienen a su cargo el cuidado de las cosas humanas son como porteros, que verifican la identidad de todos los que entran. Así, en torno al descenso de Cristo se hallan reunidas en este texto las dos líneas teológicas que hemos encontrado, desde el comienzo, en los ángeles de la navidad: la línea ascendente de los ángeles de las naciones, que viene de Orígenes, y la línea descendente de los ángeles del cielo, que se vincula al Evangelio. Es, pues, una síntesis de la angelología de la navidad.

---

19. *Serm. Asc.*; PG XLVI, 693 A.
20. Ver J. BARBEL, *Christos Angelos*, pp. 297-311.
21. Santo Tomás conservará lo valedero de esto hablando de una asunción de los hombres a la *gracia* de los órdenes angélicos, sin transformación de su naturaleza.

Este gozo de los ángeles de las naciones es tanto más grande cuanto que la revelación de Cristo supera infinitamente sus expectativas. Ciertamente, aspiraban a ver liberados del yugo de los ídolos a los pueblos que les habían sido confiados. Pero no concebían que esos pueblos pudiesen ser llamados a llegar a ser hijos de Dios. San Juan Crisóstomo, al comentar Ef 3, donde se habla del misterio revelado a los ángeles en cuanto al llamado de las naciones, escribe: "San Pablo habla del misterio porque ni siquiera los ángeles lo conocen. Los ángeles sabían solamente que el Señor había elegido a su pueblo como porción suya (Deut 32, 9) y que 'el príncipe de los Persas se me ha opuesto' (Dn 10,13). Por eso no hay que asombrarse de que ignorasen eso que constituye precisamente el Evangelio (la Buena Noticia). Dios había dicho que salvaría a su pueblo Israel. Pero no dijo nada acerca de las naciones. Los ángeles sabían que ellas estaban llamadas. Pero que fuese a las mismas cosas y que debiesen estar sentadas sobre el trono de Dios, ¿quién lo esperaba?, ¿quién lo hubiera creído?"[22] Pero ya con esta última frase, más allá del misterio de la navidad, se perfila el de la ascensión.

---

22. *Hom. Eph*, 3; PG LXII, 49-50.

4 LOS ÁNGELES DE LA ASCENSIÓN

Si el misterio de la natividad inaugura la obra de Cristo, el de la ascensión la consuma en plenitud. Así como los ángeles fueron los confidentes del primero, son también los admiradores del segundo, después de haber asistido a Cristo en todo el intervalo que va del uno al otro, y de la tentación a la resurrección. Gregorio de Nacianzo nos muestra a Cristo entrando al cielo, después de haber recuperado la dracma perdida, y "convocando a las potencias que le son amigas, para asociarlas a su gozo como las había asociado a su encarnación".[1] Y el Crisóstomo, hablando de la ascensión, vincula también la participación de los ángeles en los dos misterios: "Cuando Nuestro Señor nació según la carne, al ver que se reconciliaba con el hombre, los ángeles clamaron: '¡Gloria a Dios en lo más alto del cielo!' ¿Quieres saber cómo se alegran de la ascensión? Escucha al Señor que dice que 'suben y bajan continuamente'. He ahí la señal de que quieren contemplar un espectáculo extraordinario. Quieren ver el espectáculo inesperado del hombre apareciendo en el cielo. Así en todas las circunstancias se muestran los ángeles: cuando Cristo nace, cuando muere, cuando sube al cielo".[2]

Este texto del Crisóstomo afirma dos cosas. En primer lugar, que los ángeles están presentes en la ascensión. Esto se afirma en los *Hechos de los Apóstoles* 1, 10. Cirilo de Jerusalén puede escri-

---

1. *Or.* XXXVIII, 14; PG XXXVI, 328 B.
2. *Serm. Ascens.*, 4; PG L, 449. Ver también: GREGORIO DE NYSSA, *Serm. Ascens.*; PG XLIV, 693.

bir: "Los ángeles asistían a su subida".[3] Los *Hechos* hablan solamente de una presencia de los ángeles. La tradición nos los muestra acompañando a Cristo en su subida. A veces lo llevan en triunfo sobre sus hombros. Esto en particular es lo que encontramos en los escritos populares antiguos, como la *Ascensión de Isaías* III, 15 y el *Evangelio de Pedro* 40-43. Esta representación volverá a hallarse en los monumentos figurativos hasta la Edad Media.[4] A veces forman una escolta triunfal. Es así como Eusebio nos describe la ascensión: "Las virtudes celestiales, al verlo elevarse, lo rodearon para escoltarlo, y proclamaron su ascensión diciendo: '¡Levántense, puertas eternas, y entrará el Rey de la gloria!' (Sal 24, 9). Estas cosas se cumplieron en lo que nos refieren los *Hechos* (1, 9): 'Y diciendo estas cosas, se elevó ante los ojos de ellos'".[5]

El *Salmo* 24, mencionado aquí, y que muy pronto ha sido aplicado a la ascensión, ha contribuido a formar esta representación. Por otra parte, está el *Salmo* 47 que cita Eusebio: "En la ascensión del Hijo de Dios a los cielos, convenía que los ángeles que lo habían servido durante su vida terrestre lo precediesen, le abriesen las puertas del cielo y profirieran las palabras angélicas que el Salmo llama júbilo y son de trompetas: 'Dios ha subido en el júbilo, el Señor, al son de las trompetas' (Sal 47, 6)".[6]

Pero hay más. La relación de los ángeles con la ascensión tiene una significación más profunda.[7] Forma parte de la sustancia misma de los misterios. Este no es solamente el hecho de una elevación de Cristo en su cuerpo en medio de los ángeles, sino que es más teológicamente la exaltación de la naturaleza humana, que el Verbo de Dios se ha unido, por encima de todos los órdenes angélicos que le son superiores. De ahí una inversión de situación que constituye para los ángeles un espectáculo "inesperado".

---

3. *Cat.* 4, 13; PG XXXIII, 472 A.
4. Ver: F. J. DÖLGER, *Sol salutis*, 2ª ed., pp. 212-213.
5. *Comm. Psalm.*, 17; PG XXIII, 172 B.
6. *Comm. Psalm.*, 23; PG XXIII, 224 A. Ver HILARIO, *Tract. Psalm.* 67; PL, 462 C.
7. Ver la justa observación de H. BIETENHARD, *Die himmlische Welt*, p. 67.

Esta teología de la ascensión ha sido desarrollada por san Pablo en las epístolas de la cautividad.[8] La *Carta a los efesios* nos dice que Dios "ha manifestado su poder en Cristo resucitándolo de entre los muertos y haciéndolo sentarse a su derecha en los cielos, por encima de todo Principado, de toda Potestad, de toda Virtud, de toda Dominación y de todo nombre que puede ser nombrado no sólo en este mundo, sino también en el mundo futuro. 'Todo lo ha puesto bajo sus pies'" (1, 20-22). Se trata, pues, ahí, del establecimiento de la realeza del Verbo encarnado por encima de toda la creación. Se podrá observar que san Pablo nos deja entrever que las potencias angélicas son más numerosas que las que hemos nombrado. Es pues por encima de toda naturaleza angélica, conocida o desconocida, que la naturaleza humana ha sido exaltada en la persona de Cristo, en medio del estupor de las potencias celestiales.

San Pablo vuelve sobre esta idea en otra ocasión: "Dios — dice en la *Carta a los filipenses* — ha exaltado a Cristo y le ha dado el nombre que está por encima de todo nombre, para que al nombre de Jesús se doble toda rodilla en el cielo, en la tierra y en los infiernos, y toda lengua confiese que Jesucristo es el Señor, para gloria de Dios Padre" (2, 9-11). Se observará que es al nombre de Jesús, es decir del Cristo hecho hombre, que debe doblarse toda rodilla en el cielo. La revelación asombrosa hecha a los ángeles en el misterio de la ascensión no es la de que deban adorar al Verbo eterno, lo cual constituía ya el objeto de su liturgia, sino que deben adorar al Verbo encarnado. Lo cual constituye una inversión de jerarquías en el mundo celeste, como la encarnación había sido una revolución en el mundo terrestre.[9]

---

8. Se han llamado tradicionalmente 'Cartas de la cautividad' las cartas *a los Efesios, a los Filipenses y a los Colosenses*. En la actualidad, la mayoría de los estudiosos de las Sagradas Escrituras opina que las cartas *a los Efesios y a los Colosenses* no son obras auténticas de san Pablo, sino que deben ser atribuidas a discípulos que han desarrollado y profundizado la doctrina del Apóstol ante nuevos problemas de la Iglesia (L.H.R.).

9. Ver también Heb 1, 5 - 2, 13.

San Juan Crisóstomo desarrolla bien el pensamiento de san Pablo cuando escribe: "Nosotros, que parecíamos indignos de la tierra, hoy somos elevados al cielo, somos exaltados por encima de los cielos, llegamos hasta el trono real. Aquella naturaleza que era causa de que los querubines custodiaran el Paraíso,[10] es la que hoy tiene su sede por encima de los querubines. ¿Acaso no era bastante con ubicarnos entre los ángeles? ¿No era ya esa una gloria indecible? Pero se ha elevado por encima de los ángeles, ha superado a los arcángeles, se ha elevado por encima de los querubines, ha subido más alto que los serafines, ha dejado atrás a los tronos, y no se ha detenido hasta que ha alcanzado el trono señorial".[11] Es exactamente el comentario de lo que decía la *Carta a los hebreos:* "Se ha sentado a la derecha de la Majestad en las alturas, hecho tanto más superior a los ángeles cuanto que ha obtenido un nombre más eminente respecto de ellos" (1, 3-4).

Si el misterio de la navidad es también el de la revelación hecha por los ángeles del cielo a los de la tierra, el de la ascensión es el misterio de la revelación hecha por los ángeles de la tierra a los ángeles del cielo. Mientras en ocasión de la natividad veíamos al Verbo descender, rodeado de los ángeles del cielo, y encontrar a los ángeles guardianes de la tierra, aquí, a la inversa, él sube, escoltado por los ángeles de la tierra, y encuentra a los ángeles guardianes de las puertas del cielo. Pero estos no lo reconocen, porque aparece unido a la naturaleza humana que él ha asumido, y llevando las señales de la Pasión. Por eso interrogan a los ángeles que lo acompañan, preguntándoles quién es. Es este un tema tradicional, que se apoya principalmente en dos textos bíblicos, el *Salmo* 24, 7-10, que ya hemos encontrado, e *Isaías* 63, 1: " ¿Quién es este que viene de Bosra, que viene de Edóm con sus vestidos teñidos de púrpura?".[12]

---

10. Alusión a Gn 3, 24, donde se relata que después que el hombre fue expulsado del jardín de Edén, Dios puso querubines que custodiaran el camino al árbol de la vida (N. del T.).
11. *Serm. Asc.*, 3; PG, L, 446.
12. Ver J. Daniélou, *Bible et Liturgie*, pp. 409-428.

Ya Justino nos describe la escena: "Príncipes, alcen sus puertas, levántense, puertas eternas, y pasará el rey de la gloria. Cuando Cristo resucitó de entre los muertos y subió a los cielos, los príncipes establecidos por Dios en los cielos recibieron la orden de abrir las puertas, a fin de que Aquel que es el Rey de la gloria entre y suba y vaya a sentarse a la derecha del Padre, 'hasta que haya puesto a sus enemigos como escabel de sus pies'. Pero cuando los príncipes de los cielos lo vieron sin belleza, honor ni gloria en su apariencia, no lo reconocieron y dijeron: '¿Quién es este Rey de la gloria?'".[13] La aplicación del *Salmo* a la ascensión es anterior a Justino. Remonta a los tiempos apostólicos. Se la encuentra ya en el *Apocalipsis de Pedro*.[14] Pero es Justino el primero que desarrolla el diálogo entre los ángeles del cielo que no reconocen al Verbo hecho carne y los ángeles de la tierra que revelan su identidad.

Este comentario lo volvemos a encontrar en toda la tradición antigua. Así en Ireneo: "Que Él debía ser elevado al cielo, David lo dice en otro pasaje: 'Alcen, príncipes, sus puertas; levántense, puertas eternas, y entrará el Rey de la gloria'. Las puertas eternas son el cielo. Hecho invisible por su encarnación, se elevó a los cielos. Al divisarlo, los ángeles inferiores gritaron a los que están por encima de ellos: 'Abran sus puertas; elévense, puertas eternas, que va a entrar el Rey de la gloria'. Y como los ángeles de arriba decían asombrados: '¿Quién es este?', los que lo veían lo aclamaron nuevamente: 'Es el Señor fuerte y poderoso. Es el Rey de la gloria'".[15] Ireneo muestra efectivamente a Cristo elevándose entre las jerarquías de los ángeles, estupefactas. Este es ciertamente el sentido profundo del misterio teológico de la ascensión: la exaltación de la humanidad, que Cristo se ha unido por encima de todos los mundos angélicos.[16]

---

13. *Dial.*, XXXVI, 4-5.
14. *Rev. Or. Chrét.*, 1910, p. 327.
15. *Dem.*, 84; PO. XII, 794.
16. Ef 1, 18-22.

La misma tradición nos presenta Atanasio. Hay que observar, empero, que para este los ángeles que acompañan a Cristo en su subida no son los ángeles de la tierra, sino los que habían bajado con él: "Los ángeles del Señor, que lo siguieron sobre la tierra, al verlo subir lo anuncian a las virtudes celestiales para que estas abran sus puertas. Las potencias están estupefactas al verlo en la carne. Y es por esto que exclaman '¿Quién es este?', estupefactas de esta asombrosa economía. Y los ángeles, subiendo con Cristo, les respondieron: El Señor de las virtudes es el Rey de la gloria, que enseña a aquellos que están en los cielos el gran misterio: que Aquel que ha vencido a los enemigos espirituales es el Rey de la gloria".[17] La entrada del Verbo encarnado en el cielo aparece así como una revelación inaudita hecha a las potencias celestiales. Volveremos a encontrar este aspecto.

Con Orígenes aparece el texto de *Isaías* 63 y la alusión a la sangre de la Pasión: "Cuando avanzó, vencedor, con su cuerpo resucitado de entre los muertos, algunas potestades dijeron: '¿Quién es este que viene de Bosra, con sus vestiduras teñidas de rojo?' Pero los que lo acompañaban dijeron a los que guardaban las puertas de los cielos: 'Ábranse, puertas eternas'".[18] Este rasgo volverá a encontrarse en Gregorio de Nyssa. Después de haber descrito a los ángeles de la tierra que no reconocen a Cristo en su descenso, esta vez muestra, a la inversa, a "nuestros guardianes formando su cortejo y ordenando a las potencias hipercósmicas abrirse, para que Él sea nuevamente adorado en ellas. Pero estas no lo reconocen, porque ha revestido la pobre túnica de nuestra naturaleza y sus vestiduras se han enrojecido en el lagar de los males humanos. Y son ellas, esta vez, las que exclaman: '¿Quién es este Rey de la gloria?'".[19] Igualmente Ambrosio: "Los ángeles, ellos también, dudaron, cuando Cristo resucitó, al ver que su carne ascendía al cielo. Decían entonces: '¿Quién es este Rey de gloria?' Mientras unos decí-

---

17. *Exp. Psalm.* XXIII; PG, XXVII, 141 CD.
18. *Comm. Jo.*, VI, 36.
19. *Serm. Asc.*; PG, XLVI, 693 C.

an: 'Alcen sus puertas, príncipes, y entrará el Rey de la gloria', otros dudaban y decían: '¿Quién es éste que sube de Edom?'".[20]

San Gregorio de Nacianzo reúne toda esta tradición cuando escribe: "Únete a los ángeles que lo escoltan o que lo acogen, ordena a las puertas alzar sus dinteles, para volverse más altas, a fin de recibir a Aquel que se ha hecho más grande por su Pasión. Responde a aquellos que dudan a causa de su cuerpo y de los signos de su Pasión que no tenía al bajar y con los cuales sube, y a los que a causa de eso se preguntan: '¿Quién es este Rey de la gloria?' Respóndeles que es 'el Señor fuerte y poderoso' en todo lo que ha hecho y lo que hace, y en su combate presente y en la victoria que ha ganado para la humanidad. Y da así una doble respuesta a la doble interrogación. Y si se asombran, diciendo según el episodio dramático de Isaías: '¿Quién es este que viene de Edom' y de las regiones terrestres? o bien: ¿Cómo es que los vestidos del que no tiene sangre ni cuerpo están rojos como los de un viñador que ha pisado toda su vendimia?, muéstrales la belleza de la túnica del cuerpo que ha sufrido, embellecido por la Pasión y brillante con el resplandor de la divinidad, que no tiene nada que la iguale en belleza y en atractivo".[21]

Así, el misterio de la ascensión sume a los ángeles del cielo en estupor. Es que, en efecto, se les revela verdaderamente un misterio hasta ahí escondido, una realidad absolutamente nueva y a primera vista desconcertante. La presentación cosmológica del descenso y de la subida no debe inducirnos a error. El verdadero misterio de la natividad es el abajamiento de la persona divina del Verbo "un poco por debajo de los ángeles".[22] Y el verdadero misterio de la ascensión es la exaltación de la naturaleza humana por encima de los mundos angélicos. Así, pues, la representación del descenso y de la subida en medio de los coros angélicos no es otra cosa que la representación dramática de este doble misterio. Pero esta δραματουγία, como dice san Gregorio de Nacianzo, no debe enmascararnos la realidad que está subyacente. Representa una alteración del orden natural de las

---

20. *De Myst.*, 36.
21. *Or.* XLV, 25; PG, XXXVI, 657 B. Ver también 322 B.
22. Sal 8, 6; Heb 2, 7.

cosas que es la revelación de una realidad absolutamente nueva e imprevisible.[23] Y es por eso que sume a los ángeles en el estupor.

Gregorio de Nyssa ha expresado admirablemente esta revelación que las paradojas de la redención de la Iglesia aportan a los ángeles: "Realmente por medio de la Iglesia la Sabiduría variada y multiforme de Dios[24] es conocida por las potencias hipercósmicas, esa sabiduría que obra sus grandes maravillas mediante los contrarios. Pues la vida es producida por la muerte, la bendición por la maldición, la gloria por el deshonor. En el pasado, las potencias celestiales conocían la sabiduría simple y uniforme de Dios, que obraba maravillas conforme a su naturaleza; pero no había nada de variado en lo que veían, pues la naturaleza divina realizaba toda la creación por su poder, produciendo todas las cosas por el solo impulso de su voluntad, y creaba bellas a todas las cosas, como brotando de la fuente misma de la belleza. En cuanto al aspecto variado de la sabiduría, que consiste en la reunión de los contrarios, los ángeles ha sido instruidos acerca de ello ahora por la Iglesia, al ver al Verbo hecho carne, la vida mezclada a la muerte, nuestras heridas curadas por sus llagas, la fuerza del adversario vencida por la debilidad de la cruz, el invisible manifestado en la carne. Todas estas cosas, obras variadas y que están lejos de ser sencillas, los amigos del Esposo las han conocido por medio de la Iglesia, y su corazón se ha visto conmovido al conocer así "en el misterio" un nuevo rasgo de la sabiduría de Dios. Y —si me atrevo a expresarlo así— quizá, habiendo visto en la Esposa la hermosura del Esposo, han admirado a este que es invisible e incomprensible para todos. Aquel que nadie ha podido ni puede ver ha hecho de la Iglesia su cuerpo, formando la Iglesia a su imagen, de modo que quizá por ahí, volviéndose hacia ella, los amigos del Esposo han visto más claramente en ella al que es invisible".[25]

---

23. Esto se funda en Ef 3, 10. La tradición occidental, desde Agustín, afirmará que el misterio de la Encarnación es conocido por los ángeles desde el principio; la tradición oriental, por el contrario, sostiene que el "misterio" estaba oculto a toda creatura. Pero cualquiera sea el momento en que el "misterio" es revelado a los ángeles, no deja de ser la revelación de una realidad que en sí es nueva.

24. Ef 3, 10.

25. *Hom. Cant.*, 8; PG XLIV, 948 D - 949 B.

5 LOS ÁNGELES Y LA IGLESIA

Así, los ángeles del cielo en un primer momento vacilan, al ver subir al Verbo encarnado, ante la paradoja de la naturaleza humana, la más humilde de todas, exaltada por encima de todos los coros celestiales. Pero cuando los ángeles que acompañan a Cristo les revelan el misterio, entonces exultan de júbilo, pues esperaban ese retorno de la humanidad al cielo, aunque no hubiesen adivinado cuán glorioso sería. Al estupor le sucede el gozo: "Hoy —escribe el Crisóstomo— los ángeles han obtenido lo que desde siempre esperaban; hoy los arcángeles han recibido aquello que deseaban ardientemente: han visto a nuestra naturaleza resplandeciente sobre el trono real con una gloria y una belleza inmortales. Aunque haya recibido el honor de ser exaltada por encima de ellos, se regocijan de nuestro bien, así como sufrían cuando estábamos privados de él".[1]

1. **Los ángeles del Paraíso**. Hemos de notar la frase: "Aunque haya recibido el honor de ser exaltada por encima de ellos". Adquiere todo su sentido si recordamos que para toda una tradición el pecado de los ángeles había consistido en rehusarse a reconocer la dignidad de Adán creado a imagen de Dios. Esta tradición aparece particularmente en la *Vida de Adán y de Eva*. El diablo dice a Adán: "¡Oh, Adán!, Miguel te hizo venir y convocando a todos sus ángeles les dijo: Rindan homenaje a la imagen del Señor

---

1. *Serm. Asc.*, 4; PL L, 448.

Dios, como él lo ha prescrito. Y Miguel fue el primero en rendir homenaje. Después me llamó y dijo: Rinde homenaje a la imagen de Yahveh Dios. Yo respondí: No rendiré homenaje a Adán. Y como Miguel quería forzarme a rendir homenaje, yo le dije: No rendiré homenaje a aquel que me es inferior y posterior".

Los padres de la Iglesia han heredado esta tradición. El primero en quien aparece es Atenágoras.[2] Ireneo la retoma en la *Demostración apostólica*: "Grandes creaciones en el mundo habían sido preparadas por Dios antes de que el hombre fuese creado. Un lugar fue dado al hombre, en el que se encontraba provisto de todo. En ese lugar Dios, creador de todas las cosas, había puesto servidores que tenían cada uno su oficio particular. Un quiliarca administrador era guardián de ese lugar y estaba colocado a la cabeza de sus compañeros de servicio. Esos servidores eran ángeles; en cuanto al quiliarca administrador, era un arcángel... Pero este, al ver los numerosos favores que el hombre había recibido de Dios, le tuvo envidia y tuvo celos de él; causó la ruina del hombre y lo hizo pecador induciéndole a violar con plena voluntad el mandato de Dios. La cabeza y el instigador del pecado fue astutamente el ángel; él, que había pecado contra Dios, fue castigado, y el hombre fue expulsado del Paraíso. Y porque, siguiendo sus inclinaciones, se había rebelado y había abandonado a Dios, vino a llamarse Satanás, según la expresión hebrea; él es también el que es llamado diablo".[3]

Se ha de observar que para Ireneo, como ya ocurría con Atenágoras, fue el ángel guardián de la tierra quien tuvo celos del hombre cuando este apareció y causó su caída al mismo tiempo que la suya propia. Esto vuelve a hallarse en toda una tradición que podemos seguir. Metodio de Filipos toma la idea de Atenágoras: "El espíritu que se encontraba alrededor de la tierra, como Atenágoras lo ha dicho, creado por Dios como los demás ángeles, había sido encargado de la administración de la materia y de las

---

2. *Súplica*, 24.
3. 11-16; PG XII, 762-764.

naturalezas materiales. Tal era, en efecto, la condición de los ángeles: habían sido establecidos por Dios para cuidar de las realidades gobernadas por él, de modo que Dios se reservaba la providencia de conjunto de todo el universo, teniendo todas las cosas bajo su poder y dirigiendo al mundo infaliblemente como una barca gobernada por el timón de la sabiduría, mientras que los ángeles encargados de esa tarea velaban sobre cada parte en particular. Los demás ángeles permanecieron a cargo de las cosas para las cuales Dios los había creado y establecido. Sólo este se enorgulleció y se pervirtió en la administración de lo que le había sido confiado, al llenarse de celos contra nosotros".[4]

Sin duda Gregorio de Nyssa ha heredado esta tradición de Metodio: "El mundo inteligible preexistía al otro, y como cada una de las potencias angélicas había recibido en suerte, de la autoridad que dirige todas las cosas, una determinada actividad en la administración del universo, era también una de estas potencias la que había sido encargada de mantener y gobernar la esfera terrestre. A continuación había sido formada sobre la tierra una figura que reproducía el poder supremo, y esa figura era el hombre. En él residía la belleza divina de la naturaleza inteligible, mezclada a una fuerza secreta. He aquí por qué aquel que había recibido en suerte el gobierno de la tierra halló intolerable e inaudito que, de la naturaleza puesta bajo su dependencia, saliese una sustancia hecha a imagen de la bondad suprema".[5]

El pecado de los ángeles consistió, entonces, en estar celosos del hombre. Toda una tradición teológica conservará esta idea bajo la forma de un rechazo de Lucifer a aceptar la perspectiva futura de una Encarnación del Verbo. A estos celos de los malos ángeles con respecto al primer Adán se opone la benevolencia de los

---

4. *De resurr.* I, 37.
5. *Oratio catech.*, VI, 5. Es también la doctrina de san Juan Damasceno, citado por Santo Tomás: "El diablo era una de las potencias angélicas puestas a cargo de las cosas terrestres" (*De fide orth.*, II, 4; PG CXIV, 873 D). Ver también PRUDENCIO, *Hamart.*, 184-205.

buenos ángeles para con el mismo Adán. Ya en la escena de la tentación, después que Cristo hubo desenmascarado la astucia del Príncipe de este mundo, siempre celoso del hombre, vemos a los ángeles que se acercan a Cristo y lo sirven.[6] Y esto parece ciertamente una alusión al nuevo Adán.[7]

Pero es sobre todo la ascensión la que aparece como la contrapartida de la caída. Los celos de los ángeles habían causado la expulsión del hombre fuera del Paraíso; su exultación saluda ahora la reinstalación de la humanidad en el Paraíso. La caída había roto la unidad de la creación espiritual, "arrancando al hombre de la conversación con los ángeles".[8] Desde entonces los ángeles estaban a la expectativa, esperando la restauración de la unidad en la liturgia celeste. Lo que explica su alegría al ver a Cristo que reinstalaba a la humanidad entre ellos, y a "la naturaleza humana reunida a los principados, a las potestades, a los tronos y a las dominaciones en una fiesta común".[9]

En la creación de la Iglesia los ángeles contemplan el nuevo universo en el que es creado el hombre nuevo: "La fundación de la Iglesia es la creación de un nuevo universo. En ella, según las palabras de Isaías, son creados cielos nuevos y una tierra nueva; en ella es formado otro hombre, a imagen de Aquel que lo ha creado. Y de la misma manera que el que mira el mundo sensible y percibe la sabiduría que se manifiesta en la belleza de los seres se remonta por las cosas visibles a las invisibles, así también el que mira hacia el nuevo cosmos de la creación de la Iglesia ve en él a Aquel que es, y que llega a ser todo en todos".[10] El *Libro de Job*

---

6. Mc 1, 13.

7. Ver U. HOLZMEISTER, *Jesus lebte mit den wilden Tieren, "Festschrift Meinertz"*, 1951, pp. 85-92. San Efrén parece suponer esta doctrina cuando fija la caída del diablo en el sexto día. Ver E. BECK, *Ephraem Hymnen über das Paradies*, 1951; p. 165.

8. *Hom. Psalm.* II, 6; PG XLIV, 508 C.

9. *Serm. Nat.*,; PG XLVI, 1129 B.

10. *Hom. Cant.*, 13; PG XLIV, 1049 C - 1052 A.

nos muestra a los coros de los ángeles lanzando gritos de alegría ante el espectáculo de Dios que pone los fundamentos de la tierra.[11] Así saludan con una alegría aun más grande la fundación de la Iglesia, la creación nueva, y la formación del hombre nuevo, que es creado en ella, reflejo creado de la belleza increada.

2. Las ovejas celestiales. El gozo de la creación angélica, al ver a Cristo en la ascensión llevar a la humanidad al cielo, es expresado por los Padres con otras imágenes bíblicas. Una de las más importantes es la de la oveja perdida. Toda una tradición, de la que Ireneo es el primer testigo,[12] pero que se remonta más atrás, ve en esta a la naturaleza humana, y en las ovejas que el Buen Pastor deja para ir en su busca, a las naturalezas angélicas. Orígenes la presenta muchas veces,[13] Metodio de Filipos escribe: "En las noventa y nueve ovejas hay que ver representadas a las potestades, los principados y las dominaciones que el amo y pastor ha dejado para bajar a buscar la oveja perdida".[14] Y Cirilo de Jerusalén: "Muchos son los ángeles. Son las noventa y nueve ovejas, mientras que la humanidad no es sino una sola".[15] Lo mismo Gregorio de Nyssa: "La oveja perdida somos nosotros los hombres, que nos hemos extraviado por el pecado lejos del centenar de las creaturas espirituales".[16]

Cristo, que lleva de regreso sobre sus hombros a la oveja perdida, es el Verbo de Dios que ha asumido la naturaleza humana y la lleva de vuelta al cielo en la ascensión: "Toma sobre sus hombros a la oveja entera. Esta, llevada sobre los hombros del Pastor, es decir por la divinidad del Señor, llega a ser así una con él por esta asunción".[17] Y la parábola nos dice que hay "más alegría en

---

11. Job 38, 4-7.

12. *Adv. Haer.*, III, 19, 3.

13. *Comm. Gen.*, PG XII, 102; *Hom. Num.*, XIX, 4; *Hom. Gen.* XIII, 2.

14. *Banq.* III, 6.

15. *Cat.* XV, 24; PG XXXIII, 904 B.

16. *Adv. Apol.*, 15; PG XLV, 1153 A. Ver también HILARIO, *Comm. Mtth.* XVIII, 6; PL IX, 1020 BC; AMBROSIO, *Exp. Luc.* VII, 210.

17. *Adv. Apol.*, 16; PG XLV, 1153 A.

el cielo por un pecador que se arrepiente que por noventa y nueve justos que no necesitan hacer penitencia".[18] Esta alegría es la de los ángeles, vale decir, para los Padres, la de las noventa y nueve ovejas que el Pastor había dejado para partir en busca de la oveja extraviada y que saludan con alegría su regreso con ella. "Cuando la oveja fue encontrada por el Buen Pastor, todos los coros de las majadas exultaron de alegría, según la palabra del Señor".[19]

Gregorio de Nyssa ha desarrollado extensamente este tema. Escribe: "El pleroma de todos los ángeles adora a Aquel que viene con el nombre de Primogénito. Exulta por el nuevo llamado a los hombres, por el cual, gracias a Aquel que ha venido a ser el Primogénito de entre nosotros, son vueltos a llamar a la gracia original. Pues hay alegría en los ángeles por aquellos que han sido salvados del pecado". Esta alegría de los ángeles ante el regreso de la oveja perdida, que se inaugura con la ascensión, no alcanzará empero su plenitud sino en la Parusía, "hacia la cual no cesan de estar tendidos y a la expectativa por nosotros, y hasta que la oveja salvada sea reunida a la santa centena —la oveja somos nosotros, la naturaleza humana que el Buen Pastor ha salvado al hacerse Primogénito de ella. Pero cuando llegue ese momento, de manera eminente, en una ferviente acción de gracias por nosotros, presentarán su adoración a Aquel que, por medio de su Primogénito, ha llamado de vuelta a aquella que se había extraviado lejos del hogar paterno".[20] Es de notar la riqueza de las alusiones de que está entretejido este texto. El tema de fondo es el del Pastor celestial de los ángeles, que abandona las noventa y nueve ovejas, los mundos angélicos, para partir en busca de la oveja perdida, que es la humanidad. El hogar paterno es una alusión a la parábola del hijo pródigo. Y los coros que celebran su

---

18. Lc 15, 7.

19. *Hom. Cant.*, 12; PG XLIV, 1033 A. El término que traducimos por "majada" es ἀγελῶν. Hay un juego de palabras con ἀγγέλων "ángeles".

20. *Contra Eun.*, 4; PG XLV, 636 AB. Ver también *Hom. Eccl.*, 2; PG XLIV, 641 B; *Contra Eun.*, 12; PG XLV, 890 B.

regreso son entonces los de los ángeles,[21] a los cuales les falta algo hasta tanto su unidad sea restaurada.

Gregorio de Nacianzo desarrolla el mismo tema: "¿Cristo te parecerá quizá pequeño porque se ha humillado por ti, porque es ese Buen Pastor que da su vida por sus ovejas, que ha venido hacia la oveja perdida, hacia las montañas y las colinas sobre las cuales tú ofrecías sacrificios, y ha encontrado a aquella que se había extraviado; y habiéndola encontrado la ha cargado sobre sus hombros, sobre los que también cargó la cruz; y habiendo así cargado a la oveja que se había perdido la llevó de vuelta a la vida de lo alto; y habiéndola hecho subir con él la reunió al número de las que habían quedado? ¿o porque ha encendido la lámpara, es decir su carne, y barrido la casa, vale decir purificado el mundo del pecado, y ha encontrado la dracma que se había perdido, es decir la imagen regia deteriorada por las malas pasiones, y habiéndola encontrado convoca a sus amigos, o sea a los ángeles, para hacerles participar de su gozo como los había asociado a su abajamiento?".[22]

De la misma manera como la imagen de la oveja perdida interfería con la del hijo pródigo en Gregorio de Nyssa, así interfiere aquí con la de la dracma perdida. Pero también las tres parábolas simbolizan el mismo misterio. Poco importa que los ángeles sean los amigos de la mujer que ha vuelto a encontrar la dracma, o las noventa y nueve ovejas que saludan el regreso del Pastor, o los coros que celebran la vuelta del hijo pródigo. Lo esencial es la idea evangélica de la alegría de los ángeles ante la salvación de la humanidad. Hay que notar que Gregorio de Nacianzo los muestra asociados a los abajamientos de la natividad, antes de asociarlos a la alegría de la ascensión. Ambos misterios están siempre ligados.

3. Los amigos del Esposo. Hay muchas otras imágenes que describen esta misma realidad de la alegría de los ángeles. Así, Gregorio de Nyssa ve una figura de ella en la exultación de las hijas de

---

21. Cf. HILARIO, *Tract. Psalm.* 149; PL IX, 886 A. Tertuliano discute esta interpretación (*De Pud.*, V, II, 11), lo que prueba su antigüedad.
22. *Or.* XXXVIII *Teoph.*, 14; PG XXXVI, 328 AB.

Jerusalén que acogen al joven David vencedor. Es la figura de "toda la creación espiritual que se une, como en la armonía de un coro, a los hombres vencedores del pecado".[23] Pero hay una de estas imágenes que es más importante, porque se vincula a una de las representaciones más significativas del papel de los ángeles, y es la de los amigos del Esposo en el *Cantar de los cantares*. Parece ser que esta simbólica se remonta a la tradición judía. En todo caso ella aparece, ya desde antes de Orígenes, en Hipólito.[24] Orígenes la presenta en diversas oportunidades.

Pero el papel de los amigos del Esposo es el de conducir a la Esposa hasta aquel que le está destinado y entonces borrarse ante él. Su gozo es completo cuando su tarea se ha cumplido y la Esposa está con el Esposo. Así es el gozo de Juan el Bautista: "El que tiene la Esposa es el Esposo, pero el amigo del Esposo, que se mantiene a su lado y escucha, se regocija cuando oye la voz del Esposo. Y esta alegría se ha cumplido para mí".[25] El amigo del Esposo ya no tiene otra cosa que hacer que desaparecer. "Es preciso que él crezca y que yo disminuya".[26] Parece evidente que tenemos aquí una alusión al *Cantar de los cantares*. Los amigos del Esposo son aquellos que han preparado los caminos del Señor, que han conducido a él la humanidad. Orígenes nos muestra en ellos a los patriarcas y los profetas del Antiguo Testamento, y a Juan el Bautista, el último entre ellos.[27]

Pero esto es cierto también, y en grado eminente, de los ángeles. Son ellos, nos dice Orígenes, los amigos del Esposo, los que instruyen a la Esposa, es decir, al pueblo de Dios, durante el tiempo de sus esponsales. Ya hemos visto esto, a propósito de su papel en el Antiguo Testamento. Asimismo cuál no es su alegría cuando ellos oyen la voz del Esposo, es decir, cuando ven al Verbo de Dios

---

23. *Hom. Psalm.*, 6; PG XLIV, 508 B.
24. *Comm. Cant.*, 12.
25. Jn 3, 29.
26. Jn 3, 30.
27. *Comm. Jo.*, VI, 7.

que se ha unido a la humanidad por la encarnación, y que en la ascensión la introduce en la casa de su Padre, después de haberla purificado en la sangre de la cruz. San Pablo fue el primero en aplicar esta simbólica nupcial del *Génesis* y del *Cantar* al "misterio de Cristo y de la Iglesia,"[28] y describe la belleza de la Iglesia, la recién desposada, que se presenta ante su Esposo "gloriosa, sin mancha ni arruga".[29] A este misterio nupcial de la ascensión se unen los ángeles, los amigos del Esposo. Gregorio de Nyssa, vinculando la parábola de los servidores que aguardan el regreso de su señor y el tema de los amigos del Esposo, nos muestra a los ángeles aguardando al Señor que trae a la Iglesia, su Esposa, a la Casa de su Padre: "El precepto evangélico nos compara con los ángeles cuando dice: 'Sean semejantes a hombres que esperan a su señor cuando regresará de las bodas'. Ellos son los que esperaban que el Señor volviese de las bodas y permanecían en las puertas del cielo, acechándolo con los ojos, a fin de abrir las puertas para la entrada del Señor, que regresa de sus bodas para entrar en la bienaventuranza hipercósmica, 'como el Esposo que sale de su cámara nupcial'. Él regresa después de haberse unido, por la regeneración sacramental, a la virgen que se había prostituido a los ídolos, es decir, se ha unido a nosotros tras haber restaurado nuestra naturaleza en su integridad virginal. Una vez consumadas las nupcias, y hallándose la Iglesia unida al Verbo, según la frase de san Juan 'el que tiene la Esposa es el Esposo', y habiendo sido recibido en la cámara nupcial de los sacramentos, los ángeles aguardaban el regreso del Rey que hacía ascender a la Iglesia a la bienaventuranza que era la suya propia".[30]

Vemos así cómo Gregorio vincula el tema del rey que ha partido a celebrar sus bodas y el de los amigos del Esposo. Las nupcias de Cristo se han realizado en la cruz. Es entonces cuando él se une a la Iglesia. Pero después de sus bodas, retorna a la casa del Padre,

---

28. Ef 5, 32.
29. Ef 5, 27.
30. *Comm. Cant.*, 11; PG XLIV, 996 D - 997 A.

llevando consigo a la Iglesia que ha unido a él. Aquí el papel de los amigos del Esposo ya no es el de preparar las bodas, sino el de acompañar con su exultación gozosa su retorno a la casa paterna. La preparación de las bodas era su papel en el Antiguo Testamento, es el papel de Juan Bautista. El regreso de las bodas, es su papel en la ascensión, su exultación al ver que se cumple la salvación de la humanidad, por la cual habían suspirado durante las largas dilaciones del Antiguo Testamento, y cuyos caminos habían preparado de modo que ahora no podían sino saludarla con alegría y acción de gracias. Estas nupcias del Verbo y de la Iglesia, por otra parte, no sólo se han cumplido en la pasión y la resurrección de Cristo sino que continúan, a través de todo el tiempo de la Iglesia, en "la cámara nupcial de los sacramentos", por medio del bautismo y de la eucaristía, que son la participación en ellas. Por eso, ahora vamos a ver la función de los ángeles en la vida sacramental.

6 LOS ÁNGELES Y LOS SACRAMENTOS

Si el misterio de la salvación se cumplió substancialmente en la ascensión cuando el Verbo introdujo en la casa del Padre a la humanidad que él había unido a sí, en medio de las alabanzas de los ángeles, de ahí en más debe desplegar sus efectos hasta la Parusía mediante la edificación de la Iglesia. Los ángeles están asociados a esta edificación. Las más antiguas tradiciones cristianas nos muestran a la Iglesia confiada a un ángel, como lo estaba el pueblo de Dios en el Antiguo Testamento. La *Ascensión de Isaías* habla del "ángel de la Iglesia cristiana".[1] Y Hermas designa al ángel Miguel como "aquel que tiene poder sobre la Iglesia y la gobierna".[2] Sea lo que fuere de esta cuestión del ángel de la Iglesia, que ciertamente parece una herencia del judaísmo y no se compagina del todo con la presidencia única de Cristo, es seguro que, de una manera más general, la Tradición nos muestra a los ángeles velando sobre la Iglesia y sirviéndola. Este es el sentido de la *Carta a los hebreos* (1,14). Hipólito, en una alegoría en la que compara la Iglesia a un navío, escribe: "La Iglesia también tiene sus grumetes, a babor y a estribor, vale decir los ángeles colaboradores (παρέδρους). Jamás dejará de estar gobernada y protegida por ellos".[3]

---

1. III, 5.

2. *El Pastor, Semej.* VIII, 3, 3. Ver Apoc 12, 7, donde Miguel aparece como el defensor de la Iglesia. La expresión "ángel de la Iglesia" vuelve a encontrarse en GREGORIO DE ELVIRA, *Tract.* 16.

3. *De Antichr.*, 59. "El mandato de rodear a Sión es dado, pienso, a las potestades divinas que velan sobre la Iglesia de Dios y sobre el pueblo santo que está en ella" (EUSEBIO, *Comm. Psalm.* 47; PG XXIII, 425D. Ver también *Comm. Psalm.*, 45; PG XXIII, 441 B).

Esta función de los ángeles comienza con el bautismo. Este es la continuación de las grandes obras de Dios en los dos Testamentos. Es una nueva creación. Es una resurrección. Es, también, la anticipación del juicio escatológico. También los ángeles que asisten a la Trinidad en la realización de sus obras admirables, lo hacen a la vez como testigos llenos de estupor y como servidores llenos de celo. Es así como *El Pastor* de Hermas nos los muestra trabajando en la construcción de la Torre construida sobre el Agua, o sea la Iglesia, que se edifica sobre el bautismo: "La Torre que ves es la Iglesia. Está construida sobre el agua, porque vuestra vida ha sido salvada por el agua. Los seis santos jóvenes son los ángeles que fueron los primeros creados por Dios: a ellos este ha confiado todas las creaturas, para que las hagan prosperar, las organicen y las gobiernen; por medio de ellos, entonces, será efectuada la construcción de la Iglesia".[4] ¿Cómo podría ser que los ángeles, que se hallan asociados a todas las obras de Dios, no lo estuviesen a esta obra por excelencia que es la Iglesia?

Así como los ángeles eran, a la vez, los instrumentos de las preparaciones y los testigos de las posteriores realizaciones de los misterios de Cristo, así también aparecen en el bautismo. Desempeñan un papel activo en sus preparaciones. Como los apóstoles son enviados visiblemente a las naciones paganas, así también ellos son enviados invisiblemente hacia ellas, para atraerlas a la Iglesia: "Hay ángeles que reúnen a los fieles en todas las naciones. Considera, en efecto, que así como en una ciudad donde todavía no hay cristianos de nacimiento, si alguien llega y comienza a instruir, a trabajar, a formar, a conducir a la fe, se convierte en príncipe y obispo de aquellos a los que ha enseñado, así también los santos ángeles serán, en el futuro, príncipes de aquellos que ellos hayan reunido de entre las naciones y hayan hecho progresar por el trabajo de su ministerio".[5] Volvemos a encontrar a los ángeles

---

4. *Vis.* III, 3, 3-4, 2; ver también *Semej.*, IX, 12, 7-8.
5. ORÍGENES, *Hom. Num.*, XI, 4.

de las naciones y su función misionera.[6] Desde el momento en que Cristo está ahí, tratan de llevarle las almas que les han sido confiadas y así los ángeles de las naciones se convierten en los ángeles de las Iglesias.[7]

Es, ciertamente, una tradición muy antigua la que ve a los ángeles presidiendo las Iglesias particulares para edificarlas y gobernarlas. Tiene un fundamento en los primeros capítulos del *Apocalipsis* joánico, donde se habla de los ángeles de las siete Iglesias del Asia Menor. Haciéndose eco de ella Orígenes puede escribir: "se puede decir, conforme a la Escritura, que hay dos obispos por cada Iglesia, uno visible y otro invisible, que participan de la misma tarea".[8] Los Padres del siglo IV continúan esta tradición. San Basilio habla de los ángeles santos a los que ha sido confiado el cuidado de las Iglesias.[9] Y san Gregorio de Nacianzo comparte su opinión: "El cuidado de esta Iglesia ha sido confiado a un ángel. Y otros presiden en otras Iglesias, como san Juan lo enseña en el *Apocalipsis*".[10] Y es sabido el adiós que dirige al ángel de la Iglesia de Nacianzo cuando abandona su diócesis, rogándole que "no haya obstáculo que impida la marcha de su pueblo hacia la Jerusalén celestial".[11]

El papel de los ángeles de las Iglesias comienza pues remotamente con su misión junto a las almas todavía paganas. Luego,

---

6. Eusebio señala que la misión es también un combate contra la idolatría, vale decir contra los demonios que tienen cautivas a las almas y los ángeles participan invisiblemente de esta lucha (*Comm. Psalm.* 17; PG XXIII, 173 B). Es esta lucha de los ángeles contra los demonios del paganismo la que nos describe el Apocalipsis de san Juan. Ver también Eusebio, *Comm. Is.*, 42; PG XXIV, 384 D.

7. Orígenes, *Hom. Num.*, XI, 5.

8. *Hom. Luc.* 13.

9. *Comm. Is.*, I, 46; PG XXX, 208 B.

10. *Or.* XLII; PG XXXVI, 469 A.

11. Ib. 492, B. Ver también Hilario: "Hay potencias espirituales, llamadas ángeles, que presiden las Iglesias" (*Tract. Psalm.*, 129; PL IX, 722 A). Eusebio: "Hay ángeles a quienes están confiadas las Iglesias de Cristo establecidas en todas partes del mundo" (*Comm. Psalm.*, 90; PG XXIII, 1161 A) y más precisamente aun: "Un ángel determinado es dado como guardián para presidir cada Iglesia" (*Comm. Psalm.*, 47; PG XXIII, 428 C).

este papel adquiere toda su significación con la preparación para el bautismo, con el catecumenado. Volvemos a encontrar la relación de los ángeles con las preparaciones. El Crisóstomo nos enseña que "el diácono invitaba a los catecúmenos a orar al ángel de la paz".[12] El *Sacramentario Gelasiano* presenta una plegaria por los catecúmenos, donde se pide a Dios "que se digne enviar a su santo ángel para proteger a sus servidores y conducirlos a la gracia del bautismo".[13] Orígenes desarrolla este tema con la característica tan vivaz de su estilo: "Ven, ángel, recibe por la palabra a aquel que se ha convertido del antiguo error de la doctrina del demonio; recíbelo como un buen médico: caliéntalo, tómalo para darle el bautismo del segundo nacimiento".[14]

Orígenes, como vemos, no asocia al ángel solamente a la preparación del bautismo sino al bautismo en sí mismo. Esta idea, ya es sabido, es desarrollada por Tertuliano que atribuye al ángel un papel capital en el sacramento: "Purificados en las aguas bajo la acción de un ángel, somos preparados por el Espíritu Santo. El ángel que preside el bautismo prepara los caminos del Espíritu Santo mediante la purificación de los pecados".[15] Pareciera, al leer este texto, que el bautizado es primero purificado en el agua por el ángel y después consagrado por el Espíritu Santo.[16] Hemos citado esta extraña teoría solamente por la alusión que contiene al ángel del bautismo.[17]

La enseñanza de los Padres se contenta con mostrar a los ángeles asistiendo al bautismo. Así Orígenes escribe: "Cuando el sacramento de la fe te fue dado, las virtudes celestiales, los ministerios de los ángeles, la Iglesia de los primogénitos estaban pre-

---

12. *Serm. Asc.*, 1; PG L, 444 A.

13. WILSON, *Sacramentaire gélasien*, p. 48.

14. *Hom. Ezeq.*, I, 7

15. *De Bapt.*, 6; PL I, 1206 AB.

16. Ver AMANN, "L'ange du baptême chez Tertullien", *Rev. Sc. Rel.*, 1921, pp. 206 ss.

17. Santo Tomás precisará que los ángeles no pueden ser ministros de los sacramentos en el sentido propio del término (*S.Th.* III, q, 64, a. 7).

sentes".[18] Igualmente Gregorio de Nacianzo piensa que "los ángeles glorifican el bautismo a causa del parentesco que tiene con su deslumbrante blancura".[19] Y Dídimo de Alejandría los muestra asistiendo al sacramento: "En el plano visible, la piscina engendra nuestro cuerpo visible mediante el ministerio de los sacerdotes; en el plano invisible el espíritu de Dios, invisible a toda inteligencia, sumerge (βαπτίζει) en sí mismo y regenera a la vez nuestro cuerpo y nuestra alma con la asistencia de los ángeles".[20] Así la Iglesia terrestre de los sacerdotes y la Iglesia celeste de los ángeles son ambas ministros de la regeneración obrada por el Espíritu Santo.

Más profundamente en otros textos se exalta la alegría de los ángeles con ocasión del bautismo. Así, en Cirilo de Jerusalén. Describiendo por anticipado a los catecúmenos los esplendores de la vigilia pascual en la que serán bautizados, después de haber evocado la noche luminosa y el Paraíso reabierto, escribe: "Eleven ahora los ojos de su espíritu, represéntense los coros de los ángeles, el Dios soberano del universo sobre su trono, el Hijo Unigénito sentado a su derecha y el Espíritu que está presente junto a ambos, los tronos y las dominaciones cumpliendo su ministerio y cada uno de ustedes obteniendo la salvación. Escuchen ya con sus oídos. Deseen esa palabra bienaventurada que los ángeles proferirán en el momento en que se obre la salvación de ustedes: 'Felices aquellos cuyos pecados les son perdonados' (Sal 32, 1), en el momento en que, como los astros de la Iglesia, ustedes ingresarán con cuerpos resplandecientes de blancura y almas deslumbrantes de luz".[21] Aquí se evoca un momento solemne de la noche pascual, aquel en que los recién bautizados ingresaban en la iglesia al canto de los salmos con sus túnicas blancas.

---

18. *Hom. Jos.*, IX, 4; PG XII, 974 A.

19. *Or.* XL, 4; PG XXXVI, 364 A.

20. *De Trinitate*, II; PG XXXIX, 672 B. Ver también OPTATO DE MILEVI, *Schism. Donat.*, II, 10; PL XI, 963 B: "La profesión de fe se realiza en presencia de los ángeles".

21. *Procatech.*, 15; PG XXXIII, 357 A - 360 A. Ver también *Cat.*, I, 1; PG XXXIII, 372 A; III, 3; 428 B. Es de notar que el *Salmo 32* es aún hoy cantado en este momento en la Iglesia Oriental.

Ambrosio, en su tratado *Sobre los sacramentos,* celebra ese momento solemne que sigue al bautismo y que es la entrada en la Jerusalén celeste entre las miríadas de ángeles: "Después del bautismo, ustedes comenzaron a adelantarse. Los ángeles han mirado, los han visto acercarse y de pronto han visto resplandecer la condición misma de ustedes, que antes estaba manchada por la fealdad oscura del pecado. Entonces han preguntado: '¿Quién es esta que sube blanqueada desde el desierto?' (Cant 8, 5). Los ángeles están admirados. ¿Quieres saber hasta qué punto se admiran? Escucha al apóstol Pedro decir que se nos ha dado aquello que los ángeles desean ver".[22] Así el brillo de los nuevos bautizados sume a los ángeles en el estupor. Y Ambrosio compara ese estupor al que experimentaron ante la ascensión de Cristo. El bautismo es una participación en la exaltación de Cristo por encima de las naturalezas angélicas.

Si los ángeles presiden en el bautismo, están igualmente presentes en la asamblea cristiana: "Respecto de los ángeles, he aquí lo que hay que decir. Si el ángel del Señor circula en torno de aquellos que le temen, es verosímil que, cuando están reunidos legítimamente para gloria del Señor, el ángel de cada uno circule alrededor de cada uno de aquellos que le temen, y que está con el hombre que él está encargado de custodiar y dirigir, de modo que, cuando los ángeles están reunidos, hay dos Iglesias, la de los hombres y la de los ángeles...Y así se debe creer que los ángeles presiden las asambleas de los creyentes".[23]

La synaxis comprende, en primer término, las lecturas y la homilía. Los ángeles asisten a esta primera parte. Son atraídos, nos dice Orígenes, por la lectura de la Escritura y se complacen en ella.[24] El que pronuncia la homilía no debe olvidar que ellos la escuchan y la juzgan: "No dudo en decir que en nuestra asamblea también están presentes los ángeles, no solamente de una mane-

---

22. *De Sacr.,* IV, 2, 5; ver también *De Myst.,* 35-36.
23. ORÍGENES, *De Or.,* 31, 5.
24. *Hom. Jos.,* XX, 1.

ra general a toda la Iglesia, sino también individualmente, aquellos de los que el Señor ha dicho que 'sus ángeles ven sin cesar el rostro de mi Padre que está en el cielo'. Así hay aquí una doble Iglesia, la de los ángeles y la de los hombres. Si lo que predicamos es conforme al pensamiento y a la intención de las Escrituras, los ángeles se alegran y ruegan por nosotros. Y porque los ángeles están presentes en la Iglesia —en aquella que lo merece y es de Cristo—, está prescrito a las mujeres que oran tener un velo sobre su cabeza a causa de los ángeles. ¿Qué ángeles? Aquellos que asisten a los santos y se regocijan en la Iglesia, pero que no vemos porque nuestros ojos están oscurecidos por las manchas del pecado. En cambio, los ven los apóstoles de Jesús, a quienes ha sido dicho: 'En verdad, en verdad les digo que ustedes verán los cielos abiertos y a los ángeles subiendo y bajando sobre el Hijo del hombre'. Si yo tuviera esta gracia, de ver como los Apóstoles, vería la multitud de ángeles que Eliseo veía y que Giezi, que estaba a su lado, no veía".[25]

Pero los ángeles están asociados todavía mucho más al sacrificio eucarístico propiamente dicho. La misa es, en efecto, una participación sacramental en la liturgia celestial, en el culto oficialmente rendido a la Trinidad por el pleroma de la creación espiritual. La presencia de los ángeles introduce a la eucaristía en el mismísimo cielo. Contribuye a rodearla de un misterio sagrado: "Los ángeles rodean al sacerdote", escribe san Juan Crisóstomo. "Todo el santuario y el espacio en torno al altar están colmados por las potencias celestiales para honrar a Aquel que está presente sobre el altar".[26] Y en otra parte: "Represéntate en qué coros vas a entrar. Revestido de un cuerpo, has sido juzgado digno de celebrar con las potencias celestiales al común Señor de todos".[27] Y también: "He aquí la mesa regia. Los ángeles sirven a esta mesa. El Señor mismo está presente".[28]

25. *Hom. Luc.*, 23.
26. *De Sac.*, VI, 4; PG XLVIII, 681 B.
27. *De Incompr.*, 4.
28. *Hom. Eph.*, I, 3; PG LXII, 29.

Erik Peterson ha mostrado en *El libro de los ángeles* que la participación de los ángeles en el culto cristiano manifestaba el carácter oficial de este. No hay sino una sola acción sacerdotal, que es la de Jesucristo. Es por ella como la creación toda entera glorifica a la Trinidad. Esta misma acción es ofrecida por los ángeles en el cielo y por los santos en la tierra. Esta participación aparece en el Nuevo Testamento. La liturgia de la Iglesia es presentada ahí como una participación en la liturgia de los ángeles. Así en la *Carta a los hebreos*: "Ustedes se han acercado a la ciudad del Dios viviente, que es la Jerusalén celeste, a las miríadas que forman los coros de los ángeles y a la sangre de la aspersión, que habla con más elocuencia que la de Abel" (12, 22-24). En cuanto al *Apocalipsis*, todo él es la visión del culto cristiano dominical que el visionario ve como prolongado en la liturgia celestial.

Los ángeles están asociados a los diferentes momentos del sacrificio.[29] Teodoro de Mopsuesta nos los muestra figurados por los ministros que disponen las oblaciones sobre el altar: "Por medio de los diáconos, que ejecutan el servicio de lo que se realiza, contemplamos en espíritu a las potencias invisibles que sirven oficiando en esta liturgia inefable".[30] Y más adelante: "Tienes que considerar que es la imagen de las potencias invisibles que están sirviendo la que detentan los diáconos en el momento en que traen del exterior la parcela para la oblación...Y cuando la han traído, los ángeles colocan sobre el santo altar la oblación para el perfecto cumplimiento de la Pasión. Los diáconos que extienden los manteles sobre el altar presentan la semejanza de los lienzos de la sepultura y aquellos que, cuando ha sido depositado (el cuerpo de Cristo sobre el altar), se mantienen a ambos lados y agitan el aire que está por encima del Cuerpo sagrado, figuran a los ángeles que, en tanto que Cristo estu-

---

29. Ver CLEMENTE DE ALEJANDRÍA: "Los ángeles de Dios sirven a los sacerdotes y a los diáconos en la dispensación de las cosas terrestres" (*Strom.*, VII, 1); ORÍGENES, *Hom. Lev.*, IX, 8.

30. *Hom. Cat.*, XV, 24.

vo en la muerte, permanecieron allí honrándole, hasta que vieron su resurrección".[31]

Vemos así cómo el despliegue de la liturgia terrestre es como un reflejo visible, un símbolo eficaz de la liturgia celeste de los ángeles. La misma liturgia expresa esta unidad de ambos cultos en el prefacio, cuando invita a la comunidad eclesial a unirse a los tronos y a las dominaciones, a los querubines y a los serafines, para cantar el himno seráfico, el *Trisagio*: "Reflexiona ante quién estás y con quién vas a invocar a Dios: con los querubines. Represéntate en qué coros vas a entrar. Que nadie se asocie con negligencia a esos himnos sagrados y místicos. Que ninguno conserve pensamientos terrestres (*¡Levantemos el corazón!*) sino que, desprendiéndose de todas las cosas terrestres y transportándose todo entero al cielo, como ubicándose junto al trono mismo de la gloria y volando con los serafines, cante el himno santísimo del Dios de gloria y majestad".[32] En otro pasaje el Crisóstomo hace notar que el *'Gloria a Dios en el cielo'* es el canto de los ángeles inferiores. También los catecúmenos pueden asociarse a él. Pero el *'Santo'* es el de los serafines. Introduce en el santuario mismo de la Trinidad; por eso "está reservado sólo a los iniciados, a los bautizados".[33]

También Teodoro de Mopsuesta subraya esta participación en la liturgia angélica en el *Trisagio*. Sobre esto hay que señalar que este aspecto es particularmente caro a la tradición de Antioquía: "El sacerdote menciona ciertamente a todos los serafines que hacen subir hacia Dios esta alabanza que, por una revelación divina, el bienaventurado Isaías conoció, y que él trasmitió por la Escritura. Es esta alabanza la que todos nosotros, reunidos, hacemos en voz alta, de modo tal que eso mismo que dicen las natu-

31. *Hom. Cat.*, V, 25-27.
32. Juan Crisóstomo, *De Incompr.*, 4.
33. *Hom. Col.*, 3, 8; PG LXII, 363. Acerca del 'Trisagio' como himno de los ángeles en la liturgia de la misa, ver Crisóstomo, *De Incompr.*, I, 6; PG XLVIII, 707; *De Poenit. Homil.* IX; PG XLIX, 345; Cirilo de Jerusalén, *Cat.*, XXIII, 6; PG XXXIII, 1113 B.

ralezas invisibles también nosotros lo digamos... Por ahí mostramos la grandeza de la misericordia que se ha extendido gratuitamente sobre nosotros. El terror religioso llena nuestra conciencia, ya sea antes de clamar ¡*Santo!*, ya sea después".[34] Se observa aquí que el canto de los serafines es la expresión del temor sagrado. Describe el terror reverencial que sienten las creaturas más altas en presencia de la infinita excelencia divina. Y eso hace comprender mejor la santidad de la eucaristía que nos introduce con los serafines, en presencia del Dios muy Santo, velado solamente por la frágil especie del pan y del vino.

Por último, la presencia de los ángeles en la eucaristía aparece en el acto mismo de ofrenda del sacrificio. Aquí es la misma liturgia romana la que da testimonio de ello, cuando pide a Dios que "las ofrendas sean llevadas por las manos de tu Santo Ángel hasta tu sublime altar".[35] Ya el *Apocalipsis* nos muestra a los ángeles ofreciendo en la liturgia celestial "las oraciones de los santos", figuradas por "las copas de oro llenas de perfume" (5, 8). Esta función de intercesión aparece en la oración por excelencia, el acto central del culto, la acción sacerdotal de Cristo. Así el Crisóstomo puede escribir: "No son solamente los hombres los que elevan ese grito llenos de terror sagrado, sino que los ángeles se prosternan ante el Señor, los arcángeles le ruegan. Así como los hombres, habiendo cortado ramos de olivo, los agitan ante los reyes para inducirlos al amor y a la piedad, así los ángeles en ese momento presentan en figura de ramo de olivo el cuerpo mismo del Señor, y le ruegan por la naturaleza humana".[36]

Esta participación de los ángeles se extiende a toda la vida litúrgica y especialmente a la celebración de las fiestas cristianas.

---

34. *Homil. Catech.* XVI, 7-9; *Studi e Testi* 145, Vaticano (1949) pp. 545-549.
35. Ver B. Botte, "L'ange du sacrifice", *Rech. Théol. Anc. Méd.* (1929), pp. 285-308.
36. *De Incompr.*, 3. Para Hilario, la eucaristía es distribuida a los fieles por el ministerio de los ángeles: "Este ministerio es sin duda alguna cumplido por los cielos, vale decir por los ángeles" (*Tract. Psalm.*, 67; PL IX, 449 B. Ver J. Duhr, *Dict. Spirit.*, I, 591.

Los misterios de Cristo son celebrados por las potestades celestiales al mismo tiempo que por la Iglesia terrestre. Así Gregorio de Nacianzo escribe, a propósito de la fiesta de la Epifanía: "Glorifica a Dios con los pastores, celébralo con los ángeles, forma un coro con los arcángeles. Que esta fiesta sea común a las potestades celestes y a las terrestres. Pues estoy persuadido de que aquellas se regocijan hoy y celebran la fiesta con nosotros. ¿No son acaso amigas de Dios y amigas de los hombres, como aquellas que David nos muestra subiendo con Cristo después de la Pasión y marchando delante de él y emulándose las unas a las otras en alzar el dintel de las puertas?".[37] La última frase es una alusión al *Salmo* 24, en el que la tradición nos muestra a las potencias celestiales que suben con Cristo, en ocasión de su ascensión, invitando a los guardianes de las puertas del cielo a levantar los dinteles para dejar pasar al Rey de gloria. Así como han participado en sus misterios, cuando su cumplimiento histórico, así los ángeles continúan asociándose a ellos en su conmemoración litúrgica.

Pero el Crisóstomo desarrolla más ampliamente esta idea. Explica que, para dar mayor esplendor a la fiesta de la Ascensión, ha invitado a los fieles a celebrarla en el *Martyrium* de Romanesia: "Los ángeles están presentes aquí, hoy los ángeles y los mártires se encuentran. Si quieres ver a los ángeles y a los mártires, abre los ojos de la fe y contempla el espectáculo. Si, en efecto, el aire está colmado de ángeles, cuánto más la iglesia. Y si la iglesia está llena de ellos, cuán cierto es esto especialmente hoy, cuando el Señor ha subido al cielo. Escucha al Apóstol que te enseña que todo el aire está lleno de ángeles, cuando invita a las mujeres a cubrir su cabeza con un velo a causa de los ángeles".[38] E igualmente, a propósito de la resurrección: "No solamente la tierra, sino también el cielo participa en la fiesta de hoy... Los ángeles exultan, los arcángeles se regocijan, los querubines y los serafines celebran con nosotros la fiesta de hoy... ¿Qué lugar puede quedar para la tristeza?".[39]

---

37. *Or.*, XXXIX, 17; PG XXXVI, 332 AB.
38. *Serm. Asc.*, 1; PG L, 443 C.
39. *Serm. Res.*; PG L 436.

7   EL ÁNGEL CUSTODIO

Hasta ahora hemos considerado la función de los ángeles en relación con la comunidad cristiana. Pero simultáneamente con esta función general, también tienen una misión junto a cada individuo. Junto a los ángeles de las Iglesias, están también los ángeles de los fieles. Es el tema del ángel custodio, en el cual la tradición aparece más constante y más firme que en cualquier otro: "Entre los ángeles —escribe san Basilio— unos son puestos a presidir las naciones y otros acompañan a los fieles... Cada fiel tiene un ángel que lo dirige como pedagogo y pastor, enseña Moisés".[1] Basilio apoya su afirmación particularmente sobre Gn 48, 16 y sobre Mt 18, 10. Ciertamente es una doctrina que aparece en la Escritura. Los textos más importantes son el *Libro de Tobías*, donde el arcángel Rafael aparece como acompañante del joven Tobías (3, 16), el texto de Mateo citado por san Basilio, donde Cristo dice de los "niños" que "sus ángeles ven sin cesar el rostro del Padre" (18, 10),[2] y por último el pasaje de los *Hechos de los Apóstoles* donde se habla del ángel de san Pedro (12, 15).

Esta doctrina aparece desde los más antiguos textos cristianos. La encontramos en el Pseudo-Bernabé,[3] en Hermas,[4] en Clemente

---

1. *Adv. Eun.*, 3, 1; PG XXIX, 656 A - 657 A.
2. Ver Jean HERING, "Un texte oublié: Mtth. XVIII, 10", en *Mélanges Goguel* (1950), pp. 95 y ss.
3. XVIII, 1.
4. *Vis.*, V, 1-4.

de Alejandría,[5] quien a su vez remite al *Apocalipsis de Pedro*. Orígenes da a esta doctrina un gran desarrollo: "Cada fiel, aunque sea muy pequeño en la Iglesia, se dice que está asistido por un ángel del que Cristo asegura que contempla sin cesar el rostro del Padre".[6] Aquí Orígenes se refiere a Mt 18, 10. En otros textos remite a Hech 12, 15.[7] "Hay que decir —escribe en otra obra— que toda alma de hombre está bajo la dirección de un ángel, como de un padre".[8] Los Padres del siglo IV profesan la misma doctrina. Para san Basilio, "todo creyente está bajo la protección de un ángel, si no lo ahuyentamos por el pecado. Custodia (φυλάττει) el alma como un ejército".[9] La *Suma Teológica* de santo Tomás se hará eco de toda esta tradición dedicando una extensa *quaestio* a establecer la existencia y la función del ángel guardián.[10]

Es interesante destacar algunas de las expresiones que designan al ángel custodio y que nos ayudan a comprender su misión. Es llamado "custodio" (φύλαξ) o "guardián" (φρουρός).[11] Encontramos también los términos de 'prepósito' (προστάτης)[12] o de 'intendentes' o 'gobernadores' (ἐπιμελετής),[13] (ἔφορος).[14] Otra denominación es la de 'asistente' (βοηθός).[15] Particularmente interesante es la de "pas-

5. *Ecl.*, 41-48

6. *De Princ.*, II, 10, 7.

7. *Hom. Num.*, XI, 4; ver también XX, 3.

8. *Comm. Mt.*, XIII, 5.

9. *Hom. Psalm.*, 33, 6; PG XXIX, 364. Ver también Gregorio de Nyssa, *Hom. Cant.*, 7; PG XLIV, 933 D; Hilario, *Tract. Psalm.* 124; PL IX, 682 BC; *Tract. Psalm.* 137; PL IX, 786 D: "Todos los fieles están asistidos por el auxilio de estos divinos ministerios, según está escrito: 'El ángel del Señor rodea a aquellos que le temen' (Sal 34, 8)"; Eusebio, *Praep. Evang.* XIII; PG XXI, 1108 A; Gregorio Taumaturgo, *Pan. Orig.*; PG X, 1051 BC.

10. *S.Th.* I, q. 113.

11. Eusebio, *Comm. Psalm.*, 47; PG XXIII, 428 C.

12. Eusebio, *Dem. Ev.*, IV, 6; PG XXII, 268 A.

13. Eusebio, loc. cit.

14. Basilio, *Ep.*, II, 238; PG XXXII, 889 B; Gregorio Nacianceno, *Or.* XLII; PG XXXVI, 492 B.

15. Basilio, *Sp.Sanct.* 13, 29; PG XXXII, 120 A.

tor" (ποιμήν). Su ángel guardián se le aparece a Hermas vestido de pastor.[16] Basilio conoce la expresión.[17] Eusebio escribe, reuniendo estas fórmulas: "Por temor a que los hombres pecadores se hallasen sin gobierno y sin presidencia, como rebaños sin razón, Dios les ha dado prepósitos y celadores, los santos ángeles, a modo de guías (ἀγελάρχαι) y de pastores (ποιμένες). A todos ha antepuesto su Hijo Primogénito".[18]

La acción de los ángeles acompaña toda la vida del hombre. Pero se plantea la cuestión de saber si todos los hombres tienen ángeles custodios o solamente los cristianos. En otros términos, el ángel custodio, ¿es asignado en el momento del nacimiento o en el del bautismo? Orígenes conoce ambas opiniones y muestra que cada una tiene a su favor autoridades escriturarias.[19] Este tema será incluido entre las cuestiones disputadas por Esteban Gobar en el siglo VI. Santo Tomás le consagrará un artículo en la *Suma Teológica*,[20] donde no deja de citar el pasaje de Orígenes. La conclusión a que llega santo Tomás es la misma a que se inclinaba la Tradición: el hombre recibe un ángel custodio en su nacimiento que pasa a desempeñar un papel totalmente nuevo a partir del bautismo. La analogía con los ángeles de las naciones inclinaba ya a Orígenes a esta solución. En efecto, el papel del ángel custodio antes del bautismo se parece mucho al que hemos visto desempeñar a los ángeles de las naciones. Ciertamente, un ángel ha sido dado al hombre desde su nacimiento. Esta es una doctrina antigua.[21] Pero, por otra parte, desde su nacimiento, el pequeño pasa a ser la presa del demonio, ya sea por el derecho de este sobre la raza de Adán o bien porque le está consagrado por la idolatría.[22]

---

16. *Vis.*, V, 4.
17. PG XXIX, 656.
18. *Dem. Ev.*, IV, 6; PG XII, 268 A.
19. *Comm. Mtth.*, XIII, 27-28.
20. *S.Th.*, I., q. 113, a. 5.
21. Clemente de Alejandría, *Ecl.*, 50; Tertuliano, *De Anima*, XXXVII, 1; Orígenes, *Comm.* Jo., XIII, 49; Metodio, *Banquete*, II, 6.
22. Tertuliano, *De Anima*, XXXIX, 1; PL II, 761 B.

En consecuencia, el ángel custodio es casi impotente a su lado, como ocurría con las naciones.[23] Por lo cual los ángeles custodios aguardaban el auxilio que les vendría de Dios. La venida de Cristo revierte la situación: "Tú también formabas parte del botín de algún príncipe. Jesús ha venido y te ha arrancado a la potencia perversa." Ciertamente, "cada uno de nosotros sigue teniendo su adversario, que trata de volvernos a llevar a su príncipe".[24] Pero ahora, gracias a Cristo, el ángel bueno es más poderoso y defiende a aquel que le ha sido confiado como de nuevo por Cristo.[25]

Cristo, en efecto, confía de manera muy especial a los nuevos bautizados a su ángel. Hemos visto que ese papel de guía comenzaba desde el catecumenado. Se continúa después del bautismo. Hermas insiste sobre el papel de este junto a los neófitos. Ve como piedras que son puestas en la construcción que es la Iglesia: "Son, le explica la anciana, hombres nuevos en la fe, pero fieles; los ángeles los forman en la práctica del bien, porque no se ha hallado en ellos mal alguno".[26] Orígenes escribe por su lado: "Cuando el hombre ha recibido la fe, Cristo, que por su sangre lo ha rescatado de los malos amos, lo confía, al que de aquí en más cree en Dios, a un ángel santo, que en razón de su pureza ve sin cesar el rostro del Padre".[27]

Entre los fieles, aquellos que tienen cargos más altos en la Iglesia son objeto de una protección especialísima: "Si los ángeles han sido delegados por el Dios del universo a aquellos que tienen que gobernar solamente su vida personal y que nada hacen por la utilidad común, cuánto más lo han sido para asistir a aquellos a quienes ha sido confiado el cuidado de toda la tierra: las virtudes celestiales están presentes junto a aquellos que llevan la carga de

---

23. TERTULIANO, *De Anima*, XXXIX, 1; PL II, 761 B.

24. "Si soy de la Iglesia, por pequeño que sea, mi ángel tiene la libertad de mirar el rostro del Padre. Si estoy fuera de ella, no se atreve" (ORÍGENES, *Hom. Luc.*, 35).

25. ORÍGENES, ib.

26. Ver BASILIO, *Comm. Is.*, VIII, 207; PG XXX, 476 C; ORÍGENES, *Comm. Mtth.*, XIII, 28.

27. *Vis.*, III, 5, 4.

28. *Comm. Mtth.*, XIII, 28.

tales dones".[28] Esta doctrina ya había sido expresada antes por Orígenes: "Los apóstoles tienen a los ángeles para ayudarlos en el cumplimiento de su ministerio de predicación, en la realización de la obra del Evangelio".[29] Y no se trata solamente de la participación de los ángeles en la obra misionera sino también de los ángeles custodios de los apóstoles: "Hay un ángel de Pedro, como también un ángel de Pablo y de los otros ministros inferiores".[30]

Entre las funciones que los ángeles custodios cumplen junto a aquellos que les están confiados hay algunas de las que ya hemos hablado o de las que volveremos a hablar. Tal es en particular el papel de "instructor", por el cual son para las almas los mensajeros de las buenas inspiraciones. Comienzan esta misión junto a los paganos que les están confiados, para conducirlos a la fe. La prosiguen con los catecúmenos, luego con los neófitos. Y veremos que se continúa a lo largo de la ascensión espiritual hasta el umbral de la unión con Dios. Quisiéramos indicar aquí otras funciones que les son atribuidas por los Padres. Protegen al alma contra las turbaciones exteriores e interiores. Están encargados de reprenderla y castigarla cuando ella se va del camino recto. La asisten en su oración y trasmiten a Dios todas sus peticiones. Estas tres funciones son designadas por los Padres bajo tres títulos dados al ángel custodio: es el ángel de la paz (Crisóstomo), el ángel de la penitencia (Hermas) y el ángel de la oración (Tertuliano).

Entre las denominaciones del ángel custodio, particularmente venerable es esa de "ángel de la paz".[31] La expresión aparece en la apocalíptica judía: el ángel de la paz es aquel que acompaña a Henoch y le explica el sentido de sus visiones.[32] Había ingresado en la liturgia, como lo comprobamos por un pasaje de san

---

28. Crisóstomo, *De laud. Paul.*, 7; PG L, 509.
29. *Hom. Num.*, XI, 4.
30. *Hom. Num.*, XI, 4. Ver Eusebio, *Comm. Psalm.* 90; PG XXIII, 1161 A; PG XXII, 428 AB (con alusión al ángel de Pedro en Hech 12, 5).
31. La expresión se encuentra en Is 33, 7 en la traducción de san Jerónimo.
32. *Henoch*, LII, 5; LIII, 4; etc.

Juan Crisóstomo: "Sepan que hay ángeles de paz. Escuchen a los diáconos que repiten a menudo en las oraciones: 'rueguen al ángel de paz'".[33] Encontramos, en efecto, la expresión en las *Constituciones apostólicas*, en las oraciones que siguen a la despedida de los catecúmenos: "Habiéndonos puesto de pie, imploremos las misericordias del Señor. Roguemos al ángel que preside la paz".[34] La expresión vuelve a hallarse en Basilio, para designar al ángel custodio que protege al viajero: "Rogamos al Dios amigo de los hombres que le dé un ángel de paz como compañero para socorrerlo".[35]

Observamos que, en estos pasajes, el ángel de la paz tiene por tarea la protección de aquel que le está confiado. Esta protección puede referirse a los peligros exteriores. Por esto es invocado por los viajeros. Así el arcángel Rafael era compañero de ruta de Tobías. Pero se trata aun más de la protección del alma contra los demonios. Por eso el ángel de la paz es especialmente invocado por los catecúmenos, que están particularmente expuestos a los ataques de los demonios que tratan de retenerlos. Pero estos ataques continúan cuando ya están bautizados. Y también el ángel los defiende. Orígenes aplica a los cristianos el versículo del *Salmo 91*: "Ordenó a sus ángeles que los protejan, para que su pie no tropiece contra la piedra", y comenta: "Son los justos quienes tienen necesidad de ser ayudados por los ángeles de Dios, para que no sean abatidos por los demonios y para que su corazón no sea traspasado por la flecha que merodea en las tinieblas".[36]

Esta función de los ángeles ha sido particularmente subrayada por san Hilario: "Los ángeles nos asisten en los combates que afrontamos para permanecer fuertes contra las potencias malva-

---

33. *Serm. Asc.*; PG L, 444 A.
34. VIII, 3. Ver también Crisóstomo, *Hom. Col.*, I, 3: "Partimos invocando al ángel de la paz" (PG LXIII, 322). En el contexto se había hablado del ángel custodio.
35. *Ep.* I, 11; PG XXXII, 273 B. Ver también *Comm. Is.* XIII, 260; PG XXX, 576 B: "Los que se esfuerzan por procurarnos la salvación, compañeros y vecinos nuestros, son los ángeles pacíficos"; Gregorio de Nyssa, *Hom. Theod.*; PG XLIV, 745 C; Eusebio, *Comm. Is.*, 33; PG XXIV, 325 C.
36. *Hom. Num.*, V, 3.

das".[37] Esta asistencia de los ángeles está ligada a nuestra debilidad: "Hay ángeles de los pequeños que contemplan todos los días el rostro de Dios. Los espíritus han sido enviados para socorrer al género humano. Pues nuestra debilidad, si no le hubieran sido dados los ángeles custodios, no podría resistir a los ataques numerosos y poderosos de los espíritus celestes. Necesitaba para ello la ayuda de una naturaleza superior. Sabemos que es así por las palabras con las cuales el Señor fortifica a Moisés, tembloroso y atemorizado: "Mi ángel te precederá". Es por eso que Dios saca estos recursos de sus tesoros, dando con ellos una ayuda a la debilidad humana, para que los divinos auxilios nos ayuden contra las potencias de este mundo de tinieblas (κοσμοκράτορες), para que podamos alcanzar la herencia de la salvación".[38] Se observará cómo Hilario no hace aquí otra cosa que retomar y comentar el texto de la *Carta a los hebreos* sobre los ángeles "enviados como servidores para bien de aquellos que reciben la herencia de la salvación" (1, 14). En otro texto san Hilario vincula esta doctrina con la visión de Eliseo:[39] "Eliseo ha enseñado muy claramente que la debilidad humana está protegida por los auxilios de los ángeles y que en todos nuestros peligros, si la fe permanece en nosotros, la asistencia de las potencias espirituales nos defiende".[40]

Pero la asistencia del ángel de la paz no es solamente una protección contra los peligros. Es también una ayuda positiva. Ya el Evangelio de Lucas nos muestra a un ángel confortando a Cristo en su agonía. Así los ángeles obran en el alma la paz interior. Ya Hermas indicaba entre los caracteres del buen ángel que es "suave y apacible". Gregorio de Nyssa escribe: "El Señor de los ángeles procura a quienes son dignos de ello la vida y la paz por medio de sus ángeles".[41] Este rasgo de la acción de los ángeles es particular-

---

37. *Tract. Psalm.* 65; PL IX, 430 A.
38. *Tract. Psalm.* 134; PL IX, 761 AB.
39. 2 Rey 6, 15-17.
40. *Tract. Psalm.* 137; PL IX, 787 A.
41. *Comm. Cant.*, 14; PG XLIV, 1081 A.

mente puesto de relieve por san Atanasio en su *Vida de san Antonio*, oponiéndolo a la turbación en que los demonios sumen al alma: "La visión de los santos (ángeles) obra dulce y apaciblemente suscitando alegría y exultación".[42] Se lo volverá a hallar en toda la tradición espiritual. Es así como san Ignacio de Loyola escribe en las "Reglas para el discernimiento de espíritus": "Es lo propio de Dios y de sus ángeles, en sus mociones, dar la verdadera alegría y gozo espiritual, apartando la tristeza y la turbación que suscita el enemigo".[43]

Que los ángeles no son ajenos a la penitencia, también nos lo muestra la tradición antigua. La penitencia abarca una realidad muy vasta, dentro de la cual el sacramento propiamente dicho representa sólo una parte. Esto era particularmente verdadero en el cristianismo primitivo, que sólo conocía la penitencia pública por los pecados graves. También aquí la doctrina de los Padres continúa la del judaísmo. En efecto, en la apocalíptica judía se habla de un "ángel de la penitencia". El *Libro de Henoch,* al nombrar a los cuatro arcángeles principales, después de haber mencionado a Miguel, Rafael y Gabriel, nombra a Fanuel, que preside el arrepentimiento, para esperanza de aquellos que serán herederos de la vida eterna: "arroja a los satanes y no les permite llegar hasta el Señor de los espíritus para acusar a los que habitan en la tierra".[44]

Hay que notar que se trata, a la vez, de una función de conversión y de protección. Estos dos rasgos se vuelven a encontrar en los autores cristianos. Clemente de Alejandría habla del "ángel de la penitencia" en el *Quis dives salvetur.* Muestra al convertido recibido por los ángeles, y continúa: "Aquel que se ha acercado al ángel de la penitencia ya no tendrá que arrepentirse, cuando deje su cuerpo, ni que ruborizarse cuando vea al Señor que viene hacia él con su ejército".[45] Pero lo más importante aquí es *El Pastor* de

---

42. cap. XXXV.
43. *Ejercicios Espirituales*, 329.
44. XL, 7-9.
45. XLII, 18.

Hermas. Todo el libro es una exhortación a la penitencia, dirigida por el ángel de la penitencia, que es el Pastor, y que encarga a Hermas trasmitir el mensaje que él le comunica.[46] El ángel de la penitencia "tiene al diablo bajo su poder",[47] lo que recuerda a su poder sobre los satanes en el *Libro de Henoch*. Además, es también mensajero de esperanza para los que se convierten: "Yo, el ángel de la penitencia, les digo: permanezcan tales como ustedes son (sencillos e inocentes) y su posteridad no desaparecerá jamás; el Señor, después de haberlos puesto a prueba, los ha inscripto entre nosotros".[48]

Este papel del ángel de la penitencia se hace más preciso en Orígenes. Ya no se trata solamente de un mensajero general, sino de la acción del ángel en el alma del pecador para excitar en él el arrepentimiento. Orígenes acaba de hablar del papel de los obispos y de los sacerdotes: "que instruyen al pecador, le dirigen reproches y lo reprenden con palabras severas. Ocurre también que seamos reprendidos por nuestros gobernadores y nuestros protectores, quiero decir, por los ángeles a quienes está confiado el cuidado de dirigir y conducir nuestras almas, como en alguna parte está escrito del ángel de la penitencia, que nos recibe para castigarnos, como lo expone *El Pastor*. Por lo demás, nosotros también estamos sujetos a diversas formas de reconvenciones: no somos de entrada castigados por el padre de familia en persona, sino por los ángeles, gobernadores que han recibido el oficio de castigar y de corregir a cada uno de nosotros, y es tanto mejor cuando somos reprendidos por alguno de ellos".[49]

Pero la penitencia no es solamente castigo; es también remisión de los pecados y restauración de la salud del alma. Orígenes atribuye también a los ángeles un papel en esta curación. Interpretando la parábola del Buen Samaritano como referida a la conver-

---

46. *Vis*. V, 7.
47. *Prec*., XII, 4, 7.
48. *Semej*., IX, 24, 4.
49. *Sel. Psalm*., 37; PG XII, 1372 BC. Sobre el papel de los ángeles en la penitencia, ver K. RAHNER, "La pénitence chez Origène", *Rech. Sc. Rel*., 1950, pp. 81 y 88.

sión del pecador, escribe: "Cuando (el samaritano) estaba a punto de partir a la mañana, toma dos denarios de su peculio y se los da al posadero, es decir, al ángel de la Iglesia, a quien encarga que cuide del enfermo y lo atienda hasta su curación".[50] En otro texto, comparando la resurrección de Lázaro con la del pecador, Orígenes observa que, salido del sepulcro, el cuerpo de Lázaro está aún atado con vendas: "Podríamos preguntarnos a quién dice Jesús: 'Desátenlo'. No está dicho que sea a los discípulos, ni a la multitud, ni a los que acompañan a María. En razón de la frase 'Se acercaron los ángeles y le servían', y a causa de la significación simbólica del pasaje, podíamos suponer que se dirige a otros que a los que se acaba de mencionar".[51] Aquí se trata de la culminación de la penitencia, la liberación del alma de las ataduras que había contraído por el pecado, liberación que aparece reservada a los ángeles.[52]

Al ángel custodio también se lo llama ángel de la oración. Ya hemos visto que el *Apocalipsis* nos muestra a los ángeles que presentan a Dios las oraciones de los santos. Esto, que es verdad de la oración litúrgica, lo es también de la oración privada. Encontramos ya esta doctrina en el Antiguo Testamento. El arcángel Rafael es "uno de los siete ángeles que ofrecen las oraciones de los santos".[53] Clemente de Alejandría habla de "los ángeles que están al servicio de la ofrenda de las oraciones",[54] y sabe que, aun cuando el hombre ora solo, está mezclado a los coros angélicos.[55] Tertuliano recomienda al cristiano no sentarse cuando ora, por respeto al "ángel de la oración que se mantiene junto a nosotros".[56]

---

50. *Hom. Luc.*, 34.

51. *Comm. Jo.*, XXVIII, 8,

52. Ver K. RAHNER, ob. cit. p. 281.

53. Tob 12, 15. Sobre el judaísmo, ver E. BIETENHARD, *Die himmlische Welt*, pp. 133-135. Filón de Alejandría da un gran desarrollo a la doctrina de la intercesión de los ángeles, mensajeros de Dios ante los hombres y de los hombres ante Dios (*De Gig.*, 3-7; *De Somn.*, I, 141-142).

54. *Excerpt.*, 27.

55. *Strom.*, VII, 78; ver también VI, 2.

56. *De Or.*, 16; PL I, 1174 A; ver CIPRIANO, *De Orat.*, 32-33; PL IV, 540 BC. Ver W. LÜCKEN, *Michaël*, pp. 67 y 93.

Orígenes distingue entre la presencia general de los ángeles junto al que ora y la del ángel custodio: "Los ángeles se reúnen junto a aquel que ora a Dios, para unirse a su oración. Más aun, el ángel de cada uno, aun de aquellos que son pequeños en la Iglesia, contemplando continuamente la faz del Padre que está en los cielos ora con nosotros y trabaja con nosotros, en cuanto le es posible, en las cosas que pedimos".[57] Esta participación del ángel custodio en la oración, su unión con nuestra súplica, vuelve a menudo en sus escritos. El cristiano nada tiene que temer del demonio, porque "el ángel del Señor rodea con su protección a aquellos que le temen y los defenderá. Su ángel que ve sin cesar el rostro del Padre que está en los cielos presenta sin cesar sus oraciones, por medio del único Sumo Sacerdote, al Dios del universo, uniéndose él mismo a la oración de aquel que le está confiado".[58] Así el ángel circula entre el alma y el cielo. "Sube, llevando las oraciones de los hombres y luego vuelve a bajar trayendo a cada uno, según que lo merece, alguna de las cosas de las que Dios les ha encargado ser ministros junto a aquellos que son el objeto de su acción bienhechora".[59]

Un rasgo notable de la tradición antigua es que el hombre tiene simultáneamente un ángel y un demonio que se ocupan de él. Ocurre como con las naciones, que tienen sus ángeles y sus demonios. Esta es ya la doctrina del Pseudo-Bernabé.[60] En él se encuentra relacionada con la doctrina de los dos caminos, el del bien y el del mal. El ángel atrae al alma hacia el bien, el demonio hacia el mal. Ya está aquí en germen la doctrina del discernimiento de espíritus.[61] Hermas insiste aun más sobre este punto: "Hay

---

57. *De Or.*, XI, 5.
58. *Contra Celso*, VIII, 36.
59. *Contra Celso*, V, 4. Ver también *Hom. Num.*, XI, 5; *Hom. Luc.*, IX, 3. San Hilario será testigo de esta tradición: "Que los ángeles presiden en las oraciones de los fieles es una tradición cierta (*auctoritas* absoluta). Ofrecen cada día a Dios por medio de Cristo las oraciones de los redimidos" (*Comm. Mtth.*, VIII, 5; PL IX, 1020 A. Ver también *Tract. Psalm.* 129; PL IX, 722 B.
60. *Carta*, XVIII, 1.
61. Guy Soury, *La démonologie de Plutarque*, 1942, p. 131.

dos ángeles para el hombre: el ángel de la justicia y el ángel del mal. El ángel de la justicia es reservado, delicado, suave, apacible. Cuando entra en tu corazón, enseguida te habla de justicia, de santidad, de templanza, de toda obra justa. Cuando estos pensamientos brotan en tu corazón, has de saber que el ángel de la justicia está contigo. El ángel del mal, por el contrario, es irascible, lleno de amargura y de demencia. Reconócelo por sus obras".[62]

Orígenes heredará de Hermas esta doctrina, como lo dice explícitamente. Y por él pasará a Atanasio, y luego a toda la tradición espiritual. "El libro de Hermas —escribe Orígenes— enseña que dos ángeles acompañan a cada hombre; y si suben a nuestro corazón buenos pensamientos dice él que vienen del buen ángel; si en cambio son contrarios, dice que es la sugestión del ángel malo. Y lo mismo declara Bernabé en su *Carta*".[63] Aquí Orígenes sólo es el representante de una tradición antigua pero hace de esa tradición una pieza esencial de su doctrina espiritual: "Todos los hombres están asistidos por dos ángeles, el malo que los impulsa al mal y el bueno que los impulsa al bien".[64] Y también: "Esto que digo de cada provincia debe ser dicho en general de todo hombre. Cada uno tiene la asistencia de dos ángeles, el uno de justicia, el otro de iniquidad. Si afluyen a nuestro corazón buenos pensamientos, vienen del buen ángel; si malos, vienen del ángel malo".[65]

El hombre resulta ser así la prenda de un combate espiritual entre las potencias de luz y los poderes de las tinieblas. Este gran tema, que desarrollará san Ignacio de Loyola en la contemplación de *Dos Banderas*,[66] se halla ya en Orígenes.[67] San Atanasio le consagra una parte considerable de la *Vida de san Antonio*.[68] Grego-

---

62. *Prec.*, VI, 2, 2-3.
63. *De Princ.*, III, 2, 4.
64. *Hom. Luc.*, 15.
65. Ib. 12.
66. *Ejercicios Espirituales*, 136-148.
67. *Hom. Num.*, IX, 3.
68. XXIX-LVI.

rio de Nyssa lo expone claramente, vinculándolo con la idea del ángel custodio: "Después que nuestra naturaleza hubo caído en el pecado, nuestra caída no fue dejada sin auxilio por parte de Dios, sino que un ángel, entre los seres que tienen una naturaleza incorpórea, fue establecido para asistir la vida de cada uno; el corruptor de nuestra naturaleza, por su lado, hizo una invención contraria por medio de un ángel malo y maléfico, a fin de perjudicar a la naturaleza humana. Depende del hombre, que se encuentra entre los dos que tratan cada uno de arrastrarlo, el hacer triunfar al uno sobre el otro. El bueno presenta ante su espíritu los frutos de la virtud, todo eso que aquellos que obran el bien ven como esperanza; el otro le presenta los placeres terrestres, de los que nada hay que esperar para el porvenir pero cuya vista y cuyo gozo cautivan en el presente los sentidos de los insensatos".[69]

Así el hombre vive en pleno mundo sobrenatural, ofrecido, como lo dice san Pablo, "en espectáculo a los hombres y a los ángeles". Esto hace decir a san Hilario: "Todo lo que parece vacío está lleno de los ángeles de Dios y nada hay que no esté habitado por la circulación de sus ministerios... Si el temor de ver entrar de improviso a alguien retiene a veces a aquel que se disponía a cometer una falta, ¿qué convendrá entonces hacer al cristiano, el que se sabe rodeado por todas partes del testimonio de tantas potencias espirituales?, y no lo digo solamente en cuanto a sus acciones sino aun a sus mismos quereres, cuando somos perturbados por alguna voluntad maligna, ¿no debemos temblar ante la presencia de los coros angélicos que nos rodean? Si en efecto los ángeles de los pequeñuelos ven cada día el rostro del Padre, podemos temer su testimonio, ya que sabemos que a la vez están junto a nosotros y están presentes ante Dios. Y lo mismo debemos temer al diablo y todos sus testigos, que se hacen presentes en un instante de un extremo al otro del mundo".[70] Pero esta presencia

---

69. *Vida de Moisés*; PG XLIV, 337D - 340 A.
70. *Tract. Psalm.*, 118; PL IX, 506 D - 507 B.

de los ángeles no sólo nos impide pecar sino que nos inclina a hacer el bien. "El profeta tiene prisa por realizar las acciones que las naturalezas espirituales contemplan espiritualmente. Sabe, en efecto, que toda su vida se desenvuelve bajo la mirada (*specula*) de los ángeles y desea agradar a los seres espirituales contemplando las realidades espirituales".[71]

---

71. *Tract. Psalm.*, 137; PL IX, 786 D.

8 LOS ÁNGELES Y LA VIDA ESPIRITUAL

La asistencia de los ángeles otorgada al alma en el bautismo se proseguirá durante todo el curso de su vida. Ni siquiera los pecados la suprimen. Sólo entristecen al ángel del alma.[1] Pero el ángel no se contenta con proteger al alma contra los ataques del demonio, sino que también se esfuerza por hacerla progresar en la vida espiritual. Es este un primer aspecto bajo el cual la vida espiritual aparece vinculada con los ángeles. Por otra parte, según una enseñanza que tiene su origen en el Evangelio mismo, la vida espiritual aparece como una imitación de la vida de los ángeles y una participación en esa vida. Pero la ascensión del alma la lleva aun más arriba. El misterio cristiano es el de la exaltación de la humanidad por encima de la esfera de los ángeles. Esto, que es verdad en primer lugar acerca de Cristo mismo, también lo es de la naturaleza humana entera que él remonta tras de sí.

Los ángeles se nos presentan pues en primer lugar como asistiendo al alma en su ascensión espiritual.[2] Es verdad que todos los dones espirituales vienen de Dios. Pero él los comunica por medio de los ángeles. Ya Clemente de Alejandría nos muestra los bienes espirituales trasmitidos a partir de Dios hasta el hombre por intermedio de las jerarquías angélicas: "A un principio único, que

---

1. ORÍGENES, *Hom. Luc.*, 35.
2. "Es por el ministerio de los ángeles como nos es procurada la ascensión hacia las cosas de lo alto" (HILARIO, *Tract. Psalm.*, 120; PL IX, 655 B). "Son los verdaderos elevadores, 'enviados en auxilio de los que deben recibir la herencia de la salvación', para elevarlos a las alturas de la virtud" (GREGORIO DE NYSSA, *Vida de Moisés*; PG XLIV, 384 B).

opera en lo alto según la voluntad del Padre, están suspendidas las primeras, las segundas y las terceras de las jerarquías angélicas. En el otro extremo se encuentra el orden de los bienaventurados ángeles. Y así pasando de las unas a las otras, a partir de uno solo y por uno solo, la jerarquía de las entidades espirituales llega hasta nosotros".[3] Esta concepción jerárquica será retomada y sistematizada por el Pseudo-Dionisio: "el orden superior, más próximo por su misma dignidad al santuario secreto, inicia misteriosamente al segundo orden; este, que se compone de las santas dominaciones, de las virtudes y de las potestades, revela los misterios menos secretamente que la primera jerarquía, pero menos abiertamente que la última; así es como la función reveladora pertenece al orden de los principados, de los arcángeles y de los ángeles; es este el que, a través de los grados de su propio ordenamiento, preside las jerarquías humanas, a fin de que se produzca de manera ordenada la elevación espiritual hacia Dios".[4]

El Pseudo-Dionisio, al resumir la tradición anterior, distingue en esta acción de los ángeles tres funciones: purificación, iluminación y unificación.[5] Las purificaciones que tienen por ministros a los ángeles son aquellas que consumen en el fondo del alma las opacidades carnales que le impiden unirse a Dios. La Escritura nos muestra también al serafín purificando los labios del profeta Isaías.[6] Gregorio de Nyssa aplica a esta acción de los ángeles el versículo del *Cantar de los cantares*: "Los guardianes que rodean la ciudad me han golpeado" (5, 7). "Estos guardianes —dice— son los ministros de Aquel que guarda a Israel".[7] Los golpes que le infligen al alma, el velo que le arrancan, son la figura de las operaciones purificadoras que realizan en ella. Y Gregorio compara el pasaje del *Cantar* con aquel de *Isaías*: "Como aquí la Esposa dice que ha sido golpeada y herida por los guardias y despojada tam-

3. *Strom.*, VII, 2.
4. *Hier. Cael.*, IX, 2.
5. *Hier. Cael.* X, 1.
6. Is 6, 7.
7. *Hom. Cant.*, 12; PG XLIV, 1032 D.

bién de su velo, allí, de la misma manera, en lugar del velo es el dintel el que es arrancado, para que las realidades que se hallan en el santuario puedan ser contempladas sin obstáculo; en lugar de los guardias se menciona a los serafines; en lugar del bastón, el carbón; en lugar de los golpes, la quemadura".[8]

El Pseudo-Dionisio describe igualmente esta acción purificadora vinculándola a los serafines. Pero en conformidad con su visión jerárquica explica que los serafines realizan su acción por medio de las jerarquías inferiores: "El Teólogo aprendió que la purificación y todas las operaciones de la Tearquía, reflejadas a través de las esencias superiores, se extienden sobre todas las demás proporcionalmente a la parte que cada una de ellas toma en la obra divina. Es por eso que atribuyó muy naturalmente a los serafines, después de Dios, la propiedad de purificar mediante el fuego".[9] Las operaciones purificadoras vienen de Dios como de su único principio. Pero sus ministros principales son los serafines, que las realizan a su vez por medio de los ángeles inferiores.

A la función de purificación se halla unida la de iluminación. Este papel iluminador de los ángeles será particularmente apreciado por santo Tomás de Aquino, que estudiará sus modalidades. Gregorio de Nacianzo describió esta función antes que él.[10] En él el papel de la luz se vuelve preponderante: "Dios es la luz suprema, inaccesible e inefable, incomprensible al espíritu, indecible por la palabra, iluminadora de toda la creación espiritual. Él es en los inteligibles lo que es el sol en las cosas sensibles, cuanto más nos purificamos, más lo conocemos; cuanto más lo conocemos, más lo amamos. La segunda luz es el ángel, emanación o participación de la primera luz, que recibe la iluminación volviéndose hacia ella y siguiéndola; participa, sin duda, de la iluminación según el grado de su naturaleza, a menos que reciba su grado según la medida de

---

8. Ib. 1037 A.

9. *Hier. Cael.*, XXX, 4.

10. Ya Orígenes escribía: "Es preciso que haya ángeles que presidan a las obras santas, que enseñen la inteligencia de la luz eterna, el conocimiento de los secretos de Dios y la ciencia de lo divino" (*Hom. Num.*, XIV, 2).

su iluminación".[11] Es de notar la última frase que pone de manifiesto la hesitación entre la concepción origenista de la jerarquía según la gracia y la concepción que prevalecerá en el Pseudo-Dionisio, de la jerarquía de las naturalezas.

Ahora bien, iluminadas por Dios, desde que se vuelven hacia él, las potencias angélicas iluminan a su vez a aquellos que les son inferiores: "si alguien puede decir algo para alabar a los ángeles, diremos que son iluminados de lo Alto por una iluminación muy pura, unos de una manera, otros de otra, en proporción a su naturaleza y a su grado; tanto más informados e impresos por la Belleza cuanto más se convierten ellos mismos en luces y pueden iluminar a los demás con las derivaciones y comunicaciones de esa primera (iluminación), servidores de la voluntad divina, que todo lo penetran con la fuerza a la vez de su naturaleza y de su gracia y reconducen todo a la unidad bajo la única autoridad del Creador de todo".[12] De estos textos se deduce el orden de jerarquía descendente por el cual la Luz trinitaria se comunica por medio de ellos a los hombres. Es la misma doctrina que desarrollará ampliamente el Pseudo-Dionisio.

El Pseudo-Dionisio hará su aporte dando a esta concepción una sistematización más rigurosa y, particularmente, poniéndola en relación con la doctrina de los nueve coros angélicos. Habría que citar aquí toda la *Jerarquía celestial*. Destaquemos solamente un pasaje que la resume: "El orden más antiguo entre las inteligencias que rodean a Dios, orden iniciado en los misterios por las iluminaciones que le vienen del Principio mismo de toda iluminación, hacia el cual se eleva sin intermediario, recibe purificación, iluminación y perfeccionamiento. Después de él, proporcionalmente a su naturaleza, el segundo orden, y después del segundo el tercero, y después del tercero la jerarquía humana, en un acuerdo divinamente proporcionado, se elevan jerárquicamente hacia el Principio y Término de toda armonía. Estos órdenes son cada uno el revelador y el mensajero del que le precede".[13]

---

11. *Or.* XL, 5; PG XXXVI, 364 B.
12. *Or.* XXVIII, 31; PG XXXVI, 72 B.
13. *Hier. Cael.*, X, 1-2.

Por medio de estas purificaciones y estas iluminaciones, los ángeles llevan al alma a las cimas de la vida espiritual; al revelarle la bondad de Dios, despiertan en ella una sed más ardiente de estarle unida. Son aquí, en un sentido nuevo, los amigos del Esposo que conducen al alma a la cámara nupcial donde celebrará su matrimonio místico con el Verbo. Son ellos, en efecto, los que Gregorio de Nyssa nos muestra en el *Cantar de los cantares*: "Después de haber atestiguado la belleza del alma, los amigos del Esposo, que preparan su cámara nupcial inmaculada y que forman la escolta de la pura esposa, le muestran la belleza del lecho real, para excitar más en ella el deseo de una vida divina y santa de unión con él".[14] Así la acción de los ángeles acompaña al alma todo a lo largo de su ascensión: "Las almas se adelantan hacia el Todopoderoso, en el gozo y la alegría, protegidas y escoltadas por los ángeles".[15]

Pero el alma está asociada a los ángeles en su progreso hacia Dios no sólo porque ellos la asisten con su auxilio. Lo está también porque la vida espiritual la hace semejante a la vida de los ángeles. Este es un tema que encontramos ya en el Evangelio, donde se dice que "los elegidos serán como ángeles de Dios en el cielo".[16] La vida perfecta es una anticipación de esta transformación escatológica.[17] La vida espiritual reintroduce al alma en la familiaridad paradisíaca de los ángeles. Así escribe Orígenes: "No temas la soledad del desierto. Pronto vendrán a reunírsete los ángeles".[18] Este tema lo desarrolla Metodio de Olimpia en el *Banquete de las doce vírgenes*. Será retomado por Gregorio de Nyssa. La vida espiritual hace entrar al alma en el mundo de los ángeles. Así escribe de su hermana Macrinia: "Viviendo en la carne, no llevaba el peso de su cuerpo

---

14. *Hom. Cant.*, 6; PG XLIV, 897 D.

15. METODIO, *Banquete*, VII, 9.

16. Mt 22, 30.

17. Acerca de la vida espiritual, y en particular la vida monástica, como vida angélica, ver A. STOLZ, *Théologie de la vie mystique*, pp. 110 y ss.; LOUIS BOUYER, *Le sens de la vie monastique*, pp. 43-68; AGNÈS LAMY, "Bíos angelikós", *Dieu Vivant*, VII, pp. 59 y ss.

18. *Hom. Num.*, XVII, 4. E. BETTENCOURT, *Doctrina ascetica Origenis*, pp. 30-31. Hay que notar que la presencia de los ángeles en la tentación de Cristo señala el retorno del Paraíso perdido.

como un lastre, sino que su vida era ligera y aérea y ella caminaba en las alturas con las potencias celestiales".[19] Y lo mismo acerca de su hermano Basilio: "Habiéndose elevado por encima de la zona sensible del universo, frecuentaba las naturalezas inteligibles y circulaba con las potencias celestiales, sin que ningún peso carnal estorbase el viaje de su espíritu".[20]

Pero este retorno entre las potencias celestiales significa una participación en el ser de estas. El alma que sube hacia Dios es declarada semejante a los ángeles: "La belleza del alma es asimilada a la caballería que destruyó a los egipcios, vale decir se la equipara al ejército de los ángeles".[21] Y en otro pasaje, comentando la comparación de la Esposa con un ejército en orden de batalla, escribe: "Estos ejércitos formados en orden son aquellos en que las Virtudes dominan, en que las Potestades reinan siempre, en que los Tronos están inmutablemente establecidos, en que los Principados conservan su independencia. Puesto que estas potencias están ordenadas por Dios y que el orden de las potencias hipercósmicas e inteligibles permanece para siempre sin confusión, y ningún mal altera su buen orden, el alma a imagen de ellas hace todo con medida, y suscita por ello tanta admiración como la que suscita el orden de las potencias".[22]

Lo que emparenta el alma con los ángeles es su desprendimiento de la vida sensible. "La Escritura conmina a las almas a mirar hacia la naturaleza estable de los ángeles, a fin de que su estabilidad en la virtud se vea fortificada por este ejemplo. Puesto que está prometido, en efecto, que la vida después de la resurrección será semejante a la condición de los ángeles —y el que promete esto no miente— de ello resulta que ya la vida en este mundo debe conformarse a la que vendrá después, de modo tal que viviendo en la carne y encontrándonos en el campo de este mundo, no vivamos según la carne y no nos configuremos a este mundo, sino que nos apliquemos ya a la vida que

19. *Vita Macriniae*; PG XLVI, 972 A.
20. PG XLVI, 813 D. Ver Jean Daniélou, *Platonisme et Théologie mystique. La doctrine spirituelle de Grégoire de Nysse*, 101 y ss.
21. *Hom. Cant.*, 3; PG XLIV, 817 C.
22. Ib., 15; PG XLIV, 1100 A.

esperamos después de la de este mundo. Es por eso que la Esposa exhorta a las almas a volverse hacia las potencias celestiales, imitando por su impasibilidad (ἀπάθεια) la pureza de los ángeles".[23]

Tenemos aquí la expresión misma de la doctrina: los hombres están destinados a participar después de la muerte en la vida de los ángeles; la vida espiritual les hace anticipar esta condición y es la ἀπάθεια lo que constituye la imitación de la pureza angélica. Esto se repite constantemente en nuestro autor. Otra imagen expresa ese retorno a la naturaleza angélica: la de la vigilia, que asimila los hombres a los ángeles que la Escritura llama Vigilantes: "El alma iluminada por el Verbo se vuelve ajena al sueño de la ilusión, siendo así introducida a una especie de vida angélica".[24] Más particularmente la virginidad es una anticipación de la vida de los ángeles. La idea es desarrollada por Metodio: "Las alas de la virginidad conducen a la vecindad de la vida de los ángeles".[25] Gregorio de Nyssa la retoma: "Puesto que el Señor nos ha anunciado que la vida después de la resurrección será una vida semejante a la de los ángeles, y que lo propio de la vida angélica es el ser ajeno al matrimonio, el que practica la virginidad imita ya a los seres incorpóreos".[26]

Esta idea de una asimilación a la vida de los ángeles asume, en aquellos autores en los cuales aparece la noción de jerarquía angélica, la forma de una asimilación sucesiva a los diversos órdenes de los ángeles, tomando el alma la forma de cada uno de ellos a medida que va elevándose en la jerarquía. Esta doctrina aparece en Clemente de Alejandría. Según su curiosa concepción de las cosas, el alma es instruida primero por el ángel que le es superior, luego reviste la naturaleza de ese ángel y es instruida por aquel del rango inmediatamente superior.[27] Bajo esta forma esta doctrina no

---

23. *Hom. Cant.*, 4; PG XLIV, 856 D. Ver también TEODORETO, *Graec. Affect. Cur.*, 3; PG LXXXIII, 892 CD.

24. *Hom. Cant.*, 11; PG XLIV, 993 A.

25. *Banquete*, VIII, 2.

26. PG XLIV, 381 A. Introducida por la ascesis en la vida angélica, el alma puede entonces participar en la liturgia de los ángeles (EUSEBIO, *Comm. Psalm.*, 102; PG XXIII, 1269 A). Ver ERIK PETERSON, *Theologische Traktate*, p. 257.

27. *Eclog.*, 57.

podía durar. Pues supone que las naturalezas no están fijadas. Pero santo Tomás de Aquino conserva la idea de una "asunción" del alma en los diversos órdenes angélicos, en el plano de la gracia. En efecto, según su doctrina, la gracia de los ángeles es proporcionada a su naturaleza mientras que la de los hombres no lo es.[28] La gracia de un hombre puede pues llevarlo al grado de gracia de un determinado orden angélico y después a otro superior.

Así los ángeles acompañan al alma a lo largo de su vida espiritual. Empero, esto no debe llevarnos a dejar de lado un último aspecto: el papel de los ángeles es ante todo de preparación, conducen al alma hacia Cristo, pero la dejan sola con él. Son los amigos del Esposo, que se borran cuando el Esposo está ahí. Orígenes es el primero en cuanto a subrayar fuertemente este carácter de la acción de los ángeles, de estar referida a los comienzos de la vida espiritual: "Examina si no son sobre todo los niños, conducidos en el temor, los que tienen ángeles; y si a aquellos que están más avanzados no es el Señor de los ángeles el que dice a cada uno de ellos: 'Estaré con ustedes en la tribulación'. En tanto somos imperfectos, tenemos necesidad de un ángel para liberarnos de nuestros males. Pero cuando ya somos adultos y hemos pasado el tiempo de estar bajo los pedagogos y los preceptores, entonces podemos ser conducidos por el mismo Cristo".[29]

Orígenes subraya aquí un aspecto general de la doctrina de los ángeles: su relación con los comienzos, con las preparaciones. Son ellos los que preparaban el camino de Cristo en el Antiguo Testamento: son esos amigos del Esposo cuya alegría es perfecta cuando oyen la voz del Esposo y dejan a la Esposa con él; de ellos dice el Evangelio que tienen una particular relación con los niños. De la misma manera su función se relaciona sobre todo con los comienzos de la vida espiritual. Atraen al alma al bien por medio de buenas inspiraciones; le dan el horror del pecado. La disponen, así, a recibir las visitas del Verbo. Pero entonces se borran ante él. En el curso de su

---

28. *S.Th.*, I, q. 108, a. 1.
29. *Comm. Mtth.*, XII, 26. Ver también *Comm. Jo.*, I, 25; *Hom. Num.*, XI, 3; XXIV, 3. Ver E. BETTENCOURT, *Doctrina ascetica Origenis*, pp. 24-28. La misma doctrina en GREGORIO TAUMATURGO, *Paneg. Orig.*; PG X, 1061 C.

ascensión el alma atraviesa primero las esferas angélicas. Pero las deja atrás para llegar al mundo de Dios. Toda la misión de los ángeles consiste en conducir las almas al Rey de los ángeles y desaparecer ante él.

Esta idea de que el alma, después de haber entrado en la esfera de los ángeles, la atraviesa y la trasciende, aparece en un hermoso pasaje de Clemente de Alejandría, que recuerda el papel de los ángeles amigos del Esposo, cuya función es solamente la de conducir al alma hasta el umbral de la cámara nupcial: "El sumo sacerdote, al entrar al interior del segundo velo, abandonaba la placa de oro junto al altar de los perfumes. Él mismo entraba en silencio, teniendo el Nombre grabado en su corazón. Con esto indicaba el abandono del cuerpo (la placa de oro dejaba de ser un peso) más allá del segundo velo, vale decir en el mundo inteligible, que es el segundo velo del conjunto del universo. Dejaba la placa junto al altar de los perfumes, vale decir, junto a los ángeles encargados de las oraciones que ascienden. Entonces el alma desnuda, convertida realmente en Sumo Sacerdote, de ahí en más es directamente movida por el Verbo. Dejando atrás la enseñanza angélica, llega a la captación de las realidades, no siendo ya más la prometida, sino permaneciendo en casa del Esposo".[30]

Este hermoso texto resume bien la doctrina: el alma, que primero ha vuelto a ingresar en el mundo angélico por la vía iluminativa, lo trasciende al entrar en la vida unitiva, que es la de la Esposa; ahora es movida directamente por el Verbo. Gregorio desarrolla el mismo tema pero a propósito de otra imagen, la de la Esposa del *Cantar* que reclama su Esposo a todos los guardianes de la ciudad, vale decir, a los ángeles: "Ella recorre en espíritu el mundo inteligible donde se encuentran las potestades, las virtudes y los tronos, buscando si su Bienamado se encuentra entre ellos y reclamándoles Aquel que ella ama. Pero ellos se callan. Entonces, dejando todo lo que ha encontrado, reconoce lo que busca en el solo rasgo de que ella no capta lo que él es".[31] El alma percibe a Dios sólo después de haber dejado atrás a los ángeles. Ella lo alcanza tal como él es

---

30. *Excerpt.*, 27; ver también *Strom.*, VII, 3.
31. *Hom. Cant.*, 6; PG XLIV, 893 AB.

en la tiniebla de la fe, por la captación del amor, más allá de las imágenes que los ángeles imprimen en ella.

Así, los ángeles asisten a la ascensión del alma. La ven salir de la oscuridad del pecado, elevarse hasta ellos por la vía de la gracia y ascender más allá de ellos en la gloria que el Verbo de Dios, al unírsele, ha conferido sólo a la humanidad. Gregorio de Nyssa, comentando precisamente ese versículo del *Cantar*, nos describe la admiración de los ángeles: "¿Puede ocurrir que nosotros también nos elevemos con la perfecta paloma que sube hacia las alturas, y que oigamos la voz de los amigos del Esposo que admiran la hermosura de la que sube del desierto? Lo que me parece que sume en el estupor a los amigos del Esposo es que, habiendo primero visto al alma bella, pero bella como entre las mujeres, después de haber luego comparado su belleza a la del oro salpicado de plata, ahora la admiran como una columna de incienso que sube del desierto. De ahí que el hecho de que se interroguen entre sí a propósito de esta que aparece siempre bajo otra forma que la que antes tenía, es el mayor de los elogios para el alma que progresa en la santidad".[32]

Así el alma se eleva, de transformación en transformación, hasta la unión con Dios, en medio de los mundos angélicos que exclaman en su estupor: "¿Quién es esta?" ¿Cómo no recordar aquí que hemos visto de la misma manera a Cristo resucitado subir hacia su Padre en medio de los coros angelicales, que se dicen los unos a los otros, con admiración y asombro: "¿Quién es este?" En realidad, se trata del mismo misterio. La ascensión del alma es una configuración a la ascensión de Cristo. Recordamos que san Ambrosio nos muestra a los ángeles admirando al recién bautizado que sube de la piscina bautismal y exclamando: "¿Quién es este?"[33] Veremos enseguida a los ángeles asistiendo a la ascensión del mártir y exclamando: "¿Quién es este?"[34] Así, a través de todos los planos del misterio cristiano, se trata de una misma ascensión en medio de los coros angélicos que es propuesta a nuestra consideración.

---

32. *Hom. Cant.*. 6; PG XLIV, 896 A - 897 A.
33. *De Sacr.*, IV, 5.
34. Orígenes, *Hom. Iudic.*, VII, 2.

9 LOS ÁNGELES Y LA MUERTE

Después de haber asistido a los hombres durante su vida terrestre, los ángeles desempeñan un papel eminente en el momento de su muerte. La tradición bíblica y la tradición griega se reúnen aquí una vez más para enseñarlo. El Nuevo Testamento nos muestra al pobre Lázaro "llevado por los ángeles al seno de Abraham".[1] Los griegos conocían estos ángeles *psicopompos* que acompañan al alma, después de la muerte, hacia su morada celestial.[2] La liturgia cristiana conserva en el ritual de los difuntos esta referencia a los ángeles. El ofertorio de la misa romana pide que "Miguel, el portaestandarte, nos presente en la luz santa otrora prometida a Abraham". Tenemos ahí el eco de tradiciones judías sobre la función de Miguel como conductor de los muertos, función de la que da testimonio igualmente la *Carta de Judas*, que nos lo muestra luchando con el diablo por el cuerpo de Moisés (v. 9). Otro texto de la liturgia de los muertos pide que "los ángeles te conduzcan al Paraíso".

Por tanto, no nos sorprenderemos al ver que los padres de la Iglesia nos muestran a los ángeles asistiendo al alma en el momento de la muerte y conduciéndola al Paraíso. Tertuliano escribe en el *De anima*, LIII: "Cuando, por virtud de la muerte, el alma es extraída de su montón de carne y se lanza fuera del velo del cuerpo hacia

---

1. Lc 16, 22.
2. CUMONT, *Les Vents et les Anges psychopompes*, "*Pisciculi*", p. 70. La expresión es retomada por ORÍGENES, *Comm. Jo.*, XIX, 4: "En el momento de la muerte, el ángel custodio, el psicopompo celestial, recoge al alma que abandona el cuerpo".

la pura, simple y serena luz, exulta y se estremece al ver el rostro de su ángel que se prepara para conducirla a su morada". La misma doctrina aparece muchas veces en Orígenes.[3] El Pseudo-Justino escribe: "Después de la salida del cuerpo, los justos y los pecadores son separados. Los justos son conducidos por los ángeles al Paraíso".[4] Gregorio de Nyssa muestra en el joven David vencedor que es recibido por las hijas de Jerusalén, al alma recibida por los ángeles después de haber triunfado del adversario por la muerte y vincula este episodio con el del pobre Lázaro: "El coro de las hijas de Jerusalén es el viaje con los ángeles".[5] Y el Crisóstomo: "Si tenemos necesidad de un guía cuando pasamos de una ciudad a otra, cuánto más el alma que rompe los lazos de la carne y pasa a la vida futura tendrá necesidad de alguien que le muestre el camino".[6]

Por eso vemos que las oraciones por los muertos invocan la asistencia del ángel. Estas oraciones presentan un doble aspecto: por una parte se pide al ángel guardián del alma que la acompañe durante su viaje celestial. En la *Vida de Macrinia*, Gregorio de Nyssa pone en labios de su hermana moribunda una oración repleta de reminiscencias bíblicas y litúrgicas: "Envía junto a mí al ángel de luz para que me guíe hacia el lugar del refrigerio, donde se encuentra el agua del reposo, en el seno de los Patriarcas".[7] La mención del seno de los Patriarcas recuerda la historia del pobre Lázaro. San Efrén nos muestra a "los ángeles que reciben al alma (a su salida del cuerpo) y la llevan a través de la atmósfera".[8] A esta creencia se vinculan las numerosas representaciones de ángeles en los monumentos funerarios. Estas representaciones se continúan hasta la Edad Media. El portal de Saint Trophime, en Arles, nos muestra así a un alma llevada por un ángel al seno de Abra-

---

3. *Hom. Num.*, V, 3; *Comm. Jo.*, XIX, 4.
4. *Quaest. Orth.*, 75.
5. *Hom. Psalm.*, 6; PG XLIV, 509 A.
6. *Hom. Luc.*, II, 2.
7. PG XLVI, 984 D.
8. *De secundo Adv.*, III, 276.

ham.[9] En los *Diálogos* de san Gregorio Magno, tan llenos de alusiones al mundo invisible, los ángeles aparecen a menudo en el momento de la muerte de los santos, para servirlos. Así los testigos que asistían a la muerte del piadoso Esteban "vieron a los ángeles, sin poder en modo alguno expresar lo que habían visto, pues a tal punto estaban presos del temor".[10] La muerte de los santos aparece así como un misterio lleno de terror sagrado. Los himnos de los ángeles llenan al alma de una alegría tan divina que no sienten los sufrimientos de la muerte.[11] Y durante su viaje celeste los ángeles apartan del alma a los demonios que quisieran cortarle el paso.[12]

Pero, por otra parte, también se implora a los ángeles del cielo, guardianes del Paraíso, para que dejen entrar en él al alma. Volvemos a encontrar la oposición entre los ángeles terrestres y los ángeles celestes, que ya hemos encontrado varias veces. Así como la liturgia evoca a los ángeles que conducen al alma al Paraíso, contiene también alusiones a los ángeles que allí la reciben. Las *Constituciones apostólicas* contienen una oración por los muertos concebida en estos términos: "vuelve los ojos sobre tu servidor. Perdónalo si ha pecado, y vuélvele propicios (εὐμενεῖς) a los ángeles".[13] San Efrén muestra la desazón del hombre enfrentado a las potencias celestiales "cuando los ejércitos del Señor se presentan, cuando los divinos arqueros lo invitan a emigrar fuera del cuerpo. Se estremece y tiembla al ver esas figuras desacostumbradas, esos coros que jamás había visto antes. Todos, temblando, nos decimos unos a otros: 'Rueguen para que el alma abandone el cuerpo en paz. Rueguen para que ella encuentre a los ángeles bien dispuestos (φιλάνθρωποι)'".[14] Tenemos aquí el eco mismo de la oración litúrgica de las *Constituciones apostólicas*. Gregorio de Nyssa insis-

---

9. Leclerq, "Anges", *Dict. Antiq. Chr. Lit.*, I, col. 2127.
10. *Dial.*, IV, 19; PL LXXVII, 352 C.
11. *Dial.*, IV, 14; PL LXXVII, 341 B.
12. Efren, Ib.
13. VIII, 48.
14. Loc. cit., 275.

te en este punto, para mostrar la necesidad del bautismo: "El alma que no ha sido iluminada y ornada por la gracia de la regeneración, yo no sé si los ángeles la reciben después de su separación del cuerpo. ¿Cómo podrían hacerlo, en efecto, si ella no lleva el sello (σφραγίς) y no tiene signo alguno de propiedad? Muy probablemente esa alma es llevada por el aire, errante y vagabunda".[15]

Este doble aspecto de la relación de la muerte con los ángeles se halla expresado en la oración que un apócrifo antiguo pone en labios de san José moribundo: "Ahora, pues, Señor mío, que tu ángel esté junto a mi alma y a mi cuerpo hasta que sin dolor se separen el uno de la otra; no permitas que el ángel que me estuvo unido desde el día en que me formaste hasta ahora, vuelva contra mí un rostro inflamado de cólera en el transcurso del camino cuando me vaya hacia ti. No dejes que los encargados de la puerta detengan mi alma, y no me confundas ante tu temible tribunal. No desencadenes contra mí las olas del río de fuego, aquel en que todas las almas se purifican antes de ver la gloria de tu divinidad. ¡Oh, Dios que juzgas a cada uno en verdad y en justicia!"[16]

Todos los aspectos de la angelología de la muerte están reunidos en este texto: los ángeles asisten al alma para evitarle los sufrimientos de la muerte; el ángel custodio la acompaña y le asegura un viaje pacífico; la defiende contra los demonios que quieren detenerla; los ángeles encargados de la puerta del cielo la reciben. Y advertiremos finalmente el último tema, el del río de fuego. Es la doctrina cristiana del purgatorio, que por tanto está relacionada con la angelología. Si el alma que el ángel conduce no está enteramente pura, ella debe ser purificada antes de comparecer ante la faz del Dios santo. Debe recibir un bautismo de fuego, que consume el efecto del bautismo de agua, y ese bautismo le es dado por los ángeles, según las antiguas tradiciones en las que se trasmite la doctrina del purgatorio. Así el *Apocalipsis de Pablo*. En una visión, Pablo es arrebatado a las moradas celestia-

---

15. *Serm. Bapt.*; PG XLVI, 424 B.
16. *Hist. Jos.*, 13.

les: "He aquí un río y sus aguas. Y digo al ángel: '¿qué es esto?' Me responde: 'Si alguno es impúdico o impío, pero se arrepiente, una vez salido de su cuerpo, es llevado para adorar a Dios y entonces, por el mandato del Señor, es entregado a Miguel el ángel, y este lo bautiza en el fuego y lo conduce a la ciudad de Dios'".[17] Así los ángeles guardianes del Paraíso celestial retienen al alma hasta que ella haya purificado sus pecados en el río de fuego.[18]

Esta doctrina se presenta a menudo en otra forma: los ángeles examinan los méritos y deméritos de las almas que se presentan a las puertas del cielo. Son como los aduaneros (τελῶναι) en las puertas de las ciudades.[19] Esta concepción, que tiene orígenes paganos,[20] persistirá en la Iglesia oriental. De ella viene igualmente la representación de los ángeles que pesan en una balanza las almas, tan frecuente en la arqueología medieval. Este examen de las almas a menudo es atribuido a los ángeles malos. Son ellos los que acusan al alma y le impiden entrar.[21] Así era ya el Satán del *Libro de Job*. Pero este papel también es atribuido a los ángeles buenos: "El coro de los ángeles nos mira", escribe Orígenes, "las potencias celestiales están en una piadosa alerta, esperan el regreso del combate, observan cómo volvemos, qué cantidad de botín traemos cada uno; y miran con atención, examinan escrupulosamente quién de nosotros trae oro en mayor cantidad, o plata, o piedras preciosas. Habrá pues un examen severo, cuando lleguemos allí, sobre lo que cada uno trae, y según lo que traiga se decidirá qué morada merece ocupar".[22] En realidad los ángeles malos y los ángeles buenos tienen cada uno su papel: los primeros hacen la cuenta de los deméritos y retienen al alma hasta que los haya

---

17. *Apoc. Pauli*, 22.
18. Ver C.-M. EDSMAN, *Le Baptême du feu*, pp. 64 y ss.
19. ORÍGENES, Hom. Luc., 23.
20. CUMONT, *Étude sur le symbolisme funéraire*, pp. 76 y ss.
21. ORÍGENES, *Comm. Rom.*, VII, 12; PG XIV, 1135 A.
22. *Hom. Rom.*, XXV, 5.

compensado; los segundos hacen la cuenta de los méritos y asignan al alma su morada. Ahí está el punto de partida del debate entre Miguel y Satán, respecto de la suerte del alma, que será un tema caro al Medioevo.

Pero por otra parte la función de los ángeles es la de introducir en el cielo a las almas santas, una vez cumplida su justificación.[23] Se afanarán así junto a los hombres ya perfectos y en particular junto a las vírgenes, que vivían ya en espíritu la vida angélica: "Es contrario a la naturaleza de las alas de la virginidad —escribe Metodio— el arrastrarse pesadamente a ras de tierra. Por el contrario, ellas deben llevar hacia arriba al puro éter y a una vida vecina a la de los ángeles. Por eso, después de la señal de lo alto y la partida de aquí abajo, aquellas que han hecho a Dios una consagración sincera y fiel de su virginidad son las primeras de todas en recibir el premio de su combate y en ser coronadas por él con las flores de la incorruptibilidad. Pues está dicho que desde el momento en que las almas hayan dejado este mundo los ángeles, viniendo al encuentro de las vírgenes, les dirigirán palabras abundantes de bienvenida y las acompañarán a las praderas en las que ellas anhelaban entrar, aunque sólo las hubiesen imaginado de lejos en la época en que todavía habitaban en su cuerpo".[24] Esto lo volvemos a encontrar en Eusebio: "Las vírgenes no vendrán hacia el rey, sino que serán llevadas, pues otros las llevarán, quiero decir los ángeles de Dios, que llevarán a las alturas a esas almas elevadas, para que el viaje les sea fácil".[25]

Pero los ángeles reservan la recepción más espléndida a los mártires, lavados en su propia sangre y que no tienen necesidad de purgatorio. Orígenes ha insistido especialmente sobre este punto en su *Exhortación al martirio*. En primer lugar nos muestra, en rela-

---

23. HILARIO, *Tract. Psalm.*, 57; PL IX, 372 B; 373 A; *Tract. Psalm.*, 123; PL IX, 675 B.
24. *Banquete*, VIII, 2.
25. *Comm. Psalm.*, 44; PG XXIII, 404 C. Ver también EFRÉN, *Hymn. Parad.*, VI, 24. Acerca de este texto léase E. BECK, *Ephraems Hymnen über das Paradies*, pp. 60-61.

ción con 1 Cor 4, 9, a los ángeles asistiendo con admiración a los combates de los mártires: "Cuando ustedes luchan y son llamados al martirio, una gran multitud ha sido convocada para contemplarlos, porque ustedes no hablan de otra manera que san Pablo, cuando dice que nos hemos convertido en un espectáculo para el mundo, para los ángeles y para los hombres. Es pues el mundo entero, todos los ángeles, a diestra y a siniestra, todos los hombres los que los oirán librar el combate por el cristianismo. Los ángeles que están en los cielos se alegrarán con nosotros".[26] Se observará aquí que Orígenes no hace otra cosa que desarrollar un dato del Nuevo Testamento. Ya para san Pablo el martirio es un espectáculo admirable, que sume en el estupor a las potencias celestiales.

Si así asisten con admiración a un combate, con cuánta alegría los ángeles del cielo reciben a continuación al mártir vencedor que se presenta en el umbral del Paraíso: "Si los querubines y la espada custodian el camino del árbol de la vida, lo custodian para que ningún impío transite por él y llegue al árbol de vida. Pues la espada flamígera retendrá a aquellos que han construido con madera, con paja o con heno sobre el fundamento que es Jesucristo. En cuanto a los dos querubines, recibirán a aquellos que no pueden ser vencidos por la espada de fuego porque nada han edificado con material combustible, y así los conducirán al árbol de vida y a todo lo que Dios ha plantado en el oriente".[27] Es un tema frecuente en las *Actas de los mártires* este de los ángeles del cielo que vienen a buscarlos para conducirlos al Paraíso. Aparece ya en las *Actas de Perpetua y Felicitas*, a propósito de la visión de Saturnus: "Habíamos sufrido el martirio y habíamos salido de la carne: cuatro ángeles comenzaron a llevarnos hacia el oriente, sus manos no tocaban nuestros cuerpos. Llegamos entonces a un lugar vasto, que se parecía a un jardín, con rosales y toda clase de flores. Ahí había otros cuatro ángeles, más resplandecientes que

---

26. ORÍGENES, *Exhortación al martirio*, 18.
27. Ib., 36. Igualmente san Hilario, a propósito del primer mártir san Esteban (*Tract. Psalm.*, 58; PL IX, 376 B).

los primeros. Desde que nos vieron, nos saludaron y dijeron a los otros ángeles, con admiración: ahí están, ahí están".[28]

Más particularmente Orígenes nos muestra a los ángeles admirando la ascensión del mártir, como la del mismo Cristo: "¿Quién podría seguir al alma del mártir, que habiendo dejado atrás todas las potencias del aire (los demonios) se lanza hacia el altar celestial? Bienaventurada esta alma, que por la sola vista de su sangre derramada en el martirio pone en fuga a las tropas de los demonios del aire que salen a su encuentro. Bienaventurado aquel de quien los ángeles dicen, al verlo subir hacia el cielo, la frase profética: '¿quién es este que sube de Bosra?'".[29] Pero este versículo de Isaías es puesto por toda la tradición en boca de los ángeles que saludan a Cristo que sube en la ascensión "con sus vestiduras teñidas" por la sangre de la Pasión. Recordaremos también el pasaje en que Ambrosio nos muestra a los ángeles admirando con los versículos del *Salmo* 24 al recién bautizado que sube de la piscina bautismal. Ascensión de Cristo, bautismo, martirio, son tres manifestaciones de un único misterio, el de la introducción de la humanidad, lavada en su sangre, en la casa del Padre, en medio del estupor de los mundos angélicos.

Esta admiración ha encontrado su cantor en san Juan Crisóstomo, que le consagra un hermosísimo pasaje: "Acuérdate de la escala espiritual que vio el patriarca Jacob, que se elevaba de la tierra al cielo: por ella descendían los ángeles; por ella también subían los mártires... A menudo ustedes han visto cómo se levanta el sol al amanecer y lanza hacia todos lados como rayos purpúreos. Así eran los cuerpos de los mártires, con las olas de su sangre inundándolos por todas partes como rayos de púrpura e iluminando sus cuerpos mucho más que lo que el sol ilumina el cielo. Los ángeles contemplaban esa sangre con delicia; los demonios se estremecían y el diablo mismo temblaba... Los mártires suben al cielo,

---

28. *Actas de Perpetua y Felicidad*, II.
29. *Hom. Judic.*, VII, 2. Gregorio de Nyssa nos muestra a "los ángeles, que esperan la muerte de los mártires para conducir sus almas a su morada" (*Serm. XL Mart.*; PG XLVI, 780 A).

precedidos por los ángeles y rodeados por los arcángeles como por una guardia... Cuando han llegado al cielo, todas las santas jerarquías de lo Alto acuden y los rodean, buscando ver sus heridas; los reciben con alegría y los abrazan. Después forman una inmensa escolta para conducirlos hasta el Rey de los cielos, que está sobre el trono colmado de gloria en medio de los serafines y de los querubines... Ahí ellos se unen a los coros y toman parte en los místicos cantos. Si, cuando aún estaban en su naturaleza corpórea, con ocasión de la participación en los sagrados misterios, eran admitidos en el coro para cantar el *Trisagio* con los querubines y los serafines, —como lo saben ustedes que están iniciados— ¡cuánto más ahora participan de esta liturgia con sus (celestiales) compañeros!".[30]

Este hermoso texto reúne toda la liturgia con que los ángeles rodean a los mártires en su ascensión. Los ángeles de la tierra los acompañan en su subida y les dan escolta. Los ángeles del cielo vienen a su encuentro para recibirlos. Los conducen hasta el santo de los santos donde la Trinidad habita en medio de los querubines y de los serafines. Participan de la liturgia de estos en el interior mismo del santuario. Así los vemos atravesar todas las esferas angélicas: ángeles de la tierra, arcángeles, serafines y querubines. La ascensión del mártir realiza totalmente lo que la ascensión del místico realizaba espiritualmente según la doctrina de Clemente y de Gregorio de Nyssa y se ve también cómo el *Trisagio* del sacrificio eucarístico es la participación sacramental en la liturgia celestial de los querubines y de los serafines, a la que los mártires son de ahí en más introducidos más allá de los velos de la liturgia terrestre.

---

30. *Serm. Mart.*; PG L, 709-710; ver también *Serm. Jul.*, 3; PG L, 671. Ver GREGORIO DE NYSSA, *Serm.Theol.*; PG XLVI, 748 A: el mártir forma parte de los coros angélicos y participa en la liturgia celestial.

10   LOS ÁNGELES Y LA PARUSÍA

Pero el ministerio de los ángeles junto a los hombres que les están confiados no ha terminado con eso. Si sus almas están en el cielo, sus cuerpos aguardan la resurrección. Durante ese tiempo los ángeles velan sobre la sepultura de los santos, impidiendo que sea profanada. ¿Acaso su función no es la de proteger todo lo que está consagrado a Dios? Es lo que nos muestra una buena cantidad de inscripciones funerarias: "Aquí reposan Asclepias, Elpisias y otro Asclepias. Rogamos, en nombre del ángel que custodia aquí, que nadie se atreva a introducir otro cadáver".[1] Esta protección ejercida por los ángeles sobre los cuerpos de los santos es una creencia antigua que se remonta al judaísmo y que el Nuevo Testamento ha recogido. Si la *Asunción de Moisés* nos dice que en el momento de la muerte de Moisés "Josué vio que su alma subía al cielo entre los ángeles",[2] la *Carta de Judas* nos muestra "al arcángel Miguel luchando con el diablo para disputarle el cuerpo de Moisés".[3]

Al final de los tiempos, ellos serán los ministros del Señor en ocasión de la resurrección de los cuerpos. Esta presencia de los ángeles en la Parusía es uno de los aspectos de la angelología más atestiguados por el Nuevo Testamento. El *Evangelio según Mateo* nos muestra "al Hijo del hombre enviando a sus ángeles con la

---

1. Ver LECLERQ, "Anges", *D.A.C.L.*, I, 2141-2144.

2. C. 23.

3. PRUDENCIO muestra a los ángeles custodiando los cuerpos de los mártires (PL XL, 365. Ver J. DÜHR, *Anges, Dict. Spir.*, I, 596).

trompeta que resuena y reuniendo a sus elegidos desde los cuatro vientos".[4] Y la *Primera carta a los tesalonicenses* dice que "a la señal dada por la voz del arcángel, al son de la trompeta divina, el Señor mismo bajará del cielo y los que murieron en Cristo resucitarán en primer lugar".[5] Los cosechadores, que separan el buen trigo de la cizaña, "son los ángeles" enviados por el Hijo del hombre "en la consumación de los tiempos, para separar a los buenos de los malos".[6] Los ángeles asistirán al juicio final: "Cuando el Hijo del hombre venga en su gloria y todos los ángeles con él, entonces se sentará en su trono de gloria y todas las naciones se congregarán delante de él, y él separará a los unos de los otros".[7] Así los ángeles se nos presentan asociados a los diversos momentos del drama escatológico; son los ministros de la resurrección de los muertos, de la reunión de los elegidos, de la separación de los justos y los pecadores.

La tradición retoma y desarrolla estos diversos aspectos. Así, el *Libro segundo de las sibilas*, que es cristiano, nos muestra a los arcángeles rompiendo las puertas de la muerte, resucitando los cuerpos, incluso los de aquellos que se ahogaron en el mar y los que han sido devorados por las fieras.[8] Una homilía atribuida a san Juan Crisóstomo, pero que no es suya, muestra al arcángel Miguel "haciendo sonar la trompeta en presencia de Cristo y despertando a todos los que murieron desde Adán hasta la consumación de los siglos".[9] Es esta misma resurrección al son de las trompetas angélicas la que es descrita por san Efrén, el gran cantor de la Parusía: "Entonces el Señor aparecerá en el cielo, como el relámpago de una gloria imposible de expresar. Los ángeles y los arcángeles marcharán delante de su gloria, como llamas de fuego, como un río de

---

4. Mt 24, 31.
5. ITes 4, 16.
6. Mt 13, 40-41.
7. Mt 25, 31-32.
8. *Sib.*, II, 214-235.
9. PG LXI, 775.

fuego hirviente. Los querubines velarán sus rostros y los serafines volarán clamando con temor: ¡Levántense, ustedes los que durmieron, porque aquí llega el Esposo!"[10] Ya Cirilo de Jerusalén escribía: "El arcángel hará una proclamación y dirá a todos: 'Levántense para el encuentro con el Señor, pues el descenso del Señor es terrible'".[11]

Junto con la resurrección, la reunión de los pueblos también es atribuida a los ángeles, conforme al discurso escatológico. El *Libro segundo de las sibilas* los describe reuniendo a los hombres para conducirlos ante el trono de Dios.[12] Cirilo de Jerusalén nos muestra a los ángeles reuniendo por una parte a los pecadores: "Rodeados por los ejércitos celestiales, no podrán escapar a ninguna parte".[13] Pero por otra parte reúnen a los justos: "El Rey de gloria, que es escoltado por los ángeles y que comparte el trono del Padre, no despreciará a ninguno de sus servidores. A fin de que los elegidos no sean confundidos con sus enemigos, enviará a sus ángeles al son de la trompeta y ellos reunirán a los elegidos desde las cuatro direcciones. 'Vengan, benditos de mi Padre', dirá a aquellos que serán llevados sobre los carros de las nubes y que habrán sido reunidos por los ángeles".[14] La misma idea reaparece en Efrén: "Entonces los ángeles serán enviados para ir a todas partes y reunirán a los elegidos desde los cuatro vientos, según la palabra del Señor".[15] También aquí se verifica el carácter de las misiones angélicas. Como han preparado la Parusía escondida del Señor, también son ellos los precursores de su Parusía gloriosa: "Los ángeles lo preceden y el coro de los arcángeles lo acompaña".[16]

---

10. *Sec. Adv.*, VII, 11.
11. *Cat.*, XV, 21; PG XXXIII, 897 C.
12. *Sib.*, II, 235.
13. *Cat.*, XV, 22; PG XXXIII, 900 C.
14. Ib., PG XXXIII, 901 A.
15. II, 193. Ver también Hilario, *Comm. Mtth.*, XXVI, 1; PL IX, 105 A; *Tract. Psalm.*, 146; PL IX, 870 B: la *congregatio* sucede a la *aedificatio*; Eusebio, *Comm. Psalm.*, 49; PG XXIII, 436 D: "Dios quiere que los santos sean congregados en primer lugar".
16. Efrén, *Sec. Adv.*, II, 3.

Ministros de la preparación del juicio, los ángeles son también sus testigos.[17] Cirilo de Jerusalén describe el extraordinario brillo que da al juicio la presencia de la multitud inmensa de los ángeles. Las profundidades del mundo espiritual, invisibles hasta ahí salvo para la sola mirada de la fe, son repentinamente puestas de manifiesto: "Ves, oh hombre, ante qué multitud de testigos entrarás en juicio. Toda la raza de los hombres estará presente. Evoca en tu espíritu a todos los que han existido desde Adán hasta hoy. Es una multitud inmensa. Y todavía es pequeña. Pues los ángeles son más numerosos. Son las noventa y nueve ovejas, mientras que la humanidad no representa más que una. Está escrito, en efecto, que sus servidores son mil veces mil, no porque ese número defina su multitud, sino porque el profeta no ha podido expresar uno más grande".[18]

Volvemos a encontrar esta misma presentación en Efrén. Después de haber mostrado a los ángeles y a los arcángeles precediendo la Parusía, nos los describe asistiendo al juicio: "Entonces veremos los innumerables ejércitos de los ángeles rodeando a Dios. Las obras de cada uno serán proclamadas y reveladas delante de los ángeles y de los hombres y se cumplirá la profecía de *Daniel* (7, 9-10): 'Yo contemplaba hasta el momento en que fue colocado el trono y un anciano se sentó sobre él. Su vestidura era blanca como la nieve. Su trono era de llamas de fuego. Un río de fuego corría brotando de delante suyo: mil millares lo servían y una miríada de ángeles se mantenía de pie ante él'".[19] Vemos que el texto de Daniel es la fuente común de Cirilo y de Efrén. Es una representación del Juicio. Y este se realiza en presencia de la multitud inmensa de los ángeles. Hay que notar también la alusión al río de fuego. Estamos aquí en presencia de una fuente escrituraria importante de la angelología de la Parusía.

---

17. Según Orígenes, se trata en particular de los ángeles que han tenido la responsabilidad de las almas: "Cada ángel, en la consumación de los siglos, se presentará al juicio llevando consigo aquellos que ha dirigido, ayudado e instruido" (*Hom. Num.*, XI, 4). Pero esto no implica, como piensa Orígenes, que esos ángeles sean también juzgados.

18. *Cat.*, XV, 24; PG XXXIII, 904 AB.

19. *Sec. Adv.*, II, 3-4.

Finalmente los ángeles son los ejecutores de la sentencia. El *Evangelio según Mateo* los muestra ya "arrancando del Reino a todos los obradores de iniquidad y arrojándolos al horno de fuego".[20] El *Apocalipsis de Pedro* dará un cuadro detallado de esta escena, a menudo retomado después. *Los Libros de las sibilas* describen este ministerio de castigo. Pero también nos muestran a los ángeles llevando al Paraíso a los elegidos resucitados: "Todos los demás, todos aquellos que se han preocupado por la justicia y han obrado según el bien, los ángeles se harán cargo de ellos y los conducirán a la vida bienaventurada".[21] Estos enfoques escatológicos son frecuentes en la literatura cristiana popular arcaica, como lo atestiguan los apócrifos.[22] Pero se los encuentra también en los Padres. Se encuentra en ellos la descripción del castigo.[23] Pero más frecuente es la de la glorificación. Y aquí también Efrén aparece como el visionario de la Parusía: "Entonces los ángeles acudirán de todas partes y elevarán a todos los santos y los fieles a la gloria, sobre las nubes, al encuentro de Cristo".[24]

Antes que él, Orígenes nos mostraba a los ángeles escoltando al Paraíso a los resucitados: "Cuando esta tienda (el mundo presente) haya sido plegada y comencemos a entrar en el santuario y a caminar hacia el país de la promesa, aquellos que son verdaderamente santos, y que vivan en el Santo de los Santos, avanzarán sostenidos por los ángeles y, hasta que se detenga la tienda de Dios, los ángeles los llevarán sobre sus hombros y los alzarán con sus manos. Era ante esta perspectiva que el Profeta decía en espíritu: 'Porque Él dio orden a sus ángeles para que te lleven en sus manos'.[25] Todo este *Salmo* se aplica a los justos, más que al Sal-

---

20. 13, 42.

21. *Sib.*, II, 313-317.

22. Ver W. Lücken, *Michaël*, pp. 126-128.

23. Eusebio, *Comm. Is.*, 13; PG XXIV, 185 BD; Ib., 30; XXIV, 312 A; Ib., 21; XXIV, 241 C.

24. III, 149.

25. Salmo 91, 11.

vador. Pablo, por el mismo misterio, confirma que algunos deberán ser transportados por los ángeles sobre las nubes: 'Pero nosotros, los que todavía vivamos, seremos arrebatados con ellos sobre las nubes, para ir por el aire al encuentro de Cristo'".[26]

Entonces, una última vez, cuando el último enemigo, la muerte, haya sido vencido y el Hijo haya devuelto todas las cosas a su Padre, los ángeles que acompañarán al Cristo ahora total en su suprema ascensión harán resonar su llamado: ¡Levántense, puertas eternas, y entrará el Rey de gloria!: "Cuando el Hijo de Dios venga en gloria y en poder y aniquile la tiranía impía y orgullosa del hijo de la perdición por la manifestación de su presencia y por el soplo de su boca, y los espíritus celestiales y los servidores angélicos de Dios escolten al Hijo del hombre y aparezcan con él, entonces las potestades de los cielos serán conmovidas, de manera que se cumplan las palabras: ¡Levántense, puertas eternas, y entrará el Rey de gloria! ¿A dónde entrará, sino al siglo nuevo y al nuevo universo? También las potestades invisibles e incorpóreas que administran todo el cielo serán sacudidas de su situación permanente. El cielo mismo, el sol, la luna y los astros pasarán; el cielo se abrirá; sus puertas cerradas desde el origen de los tiempos se replegarán y dejarán ver las realidades supracelestiales".[27]

Si los ángeles reciben con tanta alegría la instauración definitiva de la Iglesia en la ciudad celestial, es a causa del amor desinteresado que le tienen, pero para ellos mismos se siguen beneficios. En primer lugar, se verán liberados de su servicio de asistencia a un mundo corruptible. Es lo que explica san Hilario, aplicando a los ángeles el versículo de la *Carta a los romanos* sobre la *expectativa de la creación*:[28] "Una vez que están todos establecidos en

---

26. *Hom. Num.*, V, 3. Ver también EUSEBIO, *Comm. Is.*, 66; PG XXIV, 521 D: "Los ángeles conducirán a los elegidos a su fin bienaventurado, cuando estos sean arrebatados, llevados como Elías sobre un carro angélico, en el resplandor de la luz celestial".
27. EUSEBIO, *Comm. Luc.*; PG XXIV, 596 CD. Ver también *Comm. Is.*, 13; PG XXIV, 188 B.
28. Rom 8, 19.

la bienaventuranza eterna, el coro de las virtudes y de las potestades celestiales se congrega para cantar las alabanzas de Dios. La vanidad del siglo se ha disipado. La creación entera (de los ángeles) ha sido liberada de los grandes trabajos de sus ministerios. Y respirando en cierta manera en el bienaventurado reino de la eternidad, celebra a su Dios en la alegría y en la paz, conforme a lo que dice el Apóstol: 'En efecto, la expectativa de la creación tiende hacia la manifestación de los hijos de Dios, pues ella misma está sometida a la vanidad'. Por eso es que ella canta un himno por la liberación que le ha sido concedida".[29] Es igualmente en este sentido escatológico como Hilario interpreta las realidades "que los ángeles desean ver":[30] "Liberados de la obligación de sus servicios, y habiendo estado antes sujetos a las necesidades del servicio de los hombres, ahora los elementos ($\sigma\tau o\iota\chi\epsilon\hat{\iota}\alpha$) de la creación entera entran en reposo. Desde hacía mucho tiempo los poseía el deseo de este estado de dicha, según el apóstol Pedro: 'Las que les han sido anunciadas a ustedes, y en las cuales los ángeles desean fijar sus miradas'. El objeto de la espera de los ángeles es la bienaventuranza de los hombres. Los elementos ($\sigma\tau o\iota\chi\epsilon\hat{\iota}\alpha$) de las creaciones divinas están en tensa espera hacia el cambio de nuestra corrupción; desean ver realizarse aquello que promete la predicación evangélica: una vez cumplida esa promesa, están llamados a dar gloria con nosotros por el don de la bienaventuranza".[31]

San Gregorio de Nyssa, por su parte, insiste sobre otro aspecto: la alegría de los ángeles al ver reconstituida la unidad de la creación espiritual: "Hasta ahora, la creación gime en los dolores del parto, sujeta, por causa de nosotros, a la vanidad (Rom 8, 20), viendo en nuestra perdición un detrimento para ella misma, hasta que llegue la manifestación de los hijos de Dios, hacia lo cual los

---

29. *Tract. Psalm.*, 148; PL IX, 879 C; Ver ORÍGENES, *Comm. Rom.*, VII, 4; PG XIV, 1111 C - 1112 A; EUSEBIO, *Comm. Luc.*; PG XXIV, 597.
30. 1 Ped 1, 12.
31. *Tract. Psalm.* 148; PL IX, 879 D - 880 A.

ángeles no cesan de estar siempre en tensión y en espera por nosotros, y hasta que la oveja salvada sea reunida a la santa centena, porque somos nosotros la oveja, nosotros somos los que fuimos salvados cuando el Buen Pastor se hizo Primogénito. Pero, entonces, de manera eminente, en una fervorosa acción de gracias por nosotros, presentarán su acción de gracias a Aquel que, por medio de su Primogénito, ha vuelto a llamar a aquella que se había extraviado lejos del hogar paterno".[32] Entonces quedará constituida la liturgia perfecta que glorificará eternamente a la Trinidad: "Cuando la gracia haya reunido a los hombres y a los ángeles, harán resonar el himno de alabanza".[33] Ese día, la alegría de los amigos del Esposo será completa. Habían suspirado por su venida durante las largas preparaciones de la alianza noáquica y de la alianza abrahámica, han saludado su aparición con un gozo inmenso y han exaltado su gloriosa ascensión. Se han puesto al servicio de su obra redentora durante los tiempos de la Iglesia, ministros de las conversiones, de las iluminaciones y de las uniones. Han conducido al Paraíso las almas de los justos que les estaban confiadas, han velado sobre sus despojos terrestres. Pero esperan todavía el día en que el Esposo vendrá a buscar a su Esposa, en su belleza finalmente perfecta, a fin de introducirla en la casa de su Padre para las bodas eternas: "¡Oh Bienaventurado!, desean ver el día de tus bodas todos los ángeles que tú has llamado del Cielo. ¡Oh Rey! Llegan, ¡Oh Verbo!, trayéndote magníficos dones en sus vestiduras sin mancha".[34]

---

32. *Contra Eunom.*, 4; PG XLV, 636 AB.
33. *Hom. Psalm.* 9; PG XLIV, 484 B.
34. METODIO, *Banquete*, XI.

APÉNDICE I

LITERATURA APÓCRIFA

Apocalipsis de Pablo: es una obra del siglo II, escrita originalmente en griego, pero cuyo texto original se ha perdido. Se conserva una reelaboración parcial en esta lengua y varios ejemplares en distintas traducciones. El libro intenta desarrollar la afirmación de san Pablo en 2 Cor 12, 2-4, según la cual el Apóstol había sido arrebatado al Paraíso, y describe un viaje del mismo por los infiernos. Este *Apocalipsis* da gran importancia a los ángeles.

Existe un *Apocalipsis de Pablo* entre los libros pertenecientes a una secta gnóstica que fueron hallados en Egipto en 1945. Pertenece posiblemente al siglo II y se refiere a la suerte del alma en el viaje hacia el más allá.

Apocalipsis de Pedro: se trata de una obra muy antigua, posiblemente de comienzos del siglo II, que se ha conservado parcialmente en griego y en su mayor parte se conoce por una traducción etíope. Describe con imágenes grandiosas el retorno de Cristo, el juicio final y los castigos de los condenados.

Ascensión de Isaías: posiblemente se trate de un apócrifo judío, de los primeros años del cristianismo, escrito para narrar el martirio del profeta Isaías, pero luego reelaborado por cristianos. Se conserva en lengua etíope y en algunas traducciones. Describe las visiones que tuvo el profeta Isaías de la pasión, resurrección y ascensión de Jesucristo.

Asunción de Moisés: se trata de una obra actualmente perdida, que se conoce solamente por las referencias en la *Carta* *de Judas* 9 y algunas citas de Santos Padres y que trataría sobre la muerte de Moisés y su posterior ascensión a los cielos. Se ha querido identificar la **Asunción de Moisés** con un fragmento de la traducción latina de una obra cuyo original habría estado en hebreo. Tiene la forma de una predicción que Moisés, antes de su muerte, comunica a Josué. Son todos los acontecimientos futuros desde la entrada en la tierra prometida hasta el final de la historia. Esto no parece coincidir con lo que se conoce de la **Asunción**, por lo que muchos autores rechazan esta identificación.

Evangelio de Pedro: de esta obra sólo se ha conservado un fragmento del relato de la pasión y resurrección del Señor. Pertenece posiblemente a la iglesia judeo-cristiana de los primeros años del siglo II. Su contenido es cercano a las herejías de los gnósticos, ya que la defensa de la divinidad de Jesús va —en algunos textos— en detrimento de la afirmación de su humanidad. Todo el relato está hecho en forma apologética.

Henoch: existe una extensa literatura atribuida a Enoc, a quien se lo tenía por el más importante entre los profetas, a partir del dato del *Génesis* 5, 24, según el cual él había sido llevado por Dios sin pasar por la muerte. Es citada en el Nuevo Testamento, en la *Carta de Judas,* 14-15. El libro **I de Henoch** (o Henoch etíope), trae las tradiciones sobre los ángeles caídos. Ha tenido mucha influencia en el desarrollo de la angelología del Nuevo Testamento. El libro **II de Henoch** (o libro de los secretos de Henoch, o Henoch eslavo) refiere un viaje al cielo en el que se revelan secretos astronómicos y cronológicos. El libro **III de Henoch** (o Enoc hebreo) contiene textos referentes a la mística judía. La datación de todos estos textos es muy discutida.

Historia de José el carpintero: esta historia fue escrita en griego, posiblemente entre los siglos IV y V. Como lo indica su título, el libro narra la vida de José bajo la forma de un discurso de Jesús a sus apóstoles. Los primeros capítulos tratan sobre su matrimonio con María y el nacimiento de Jesús. La parte más extensa de la obra relata la enfermedad y muerte de José.

Libro de los Jubileos: se trata de una obra apocalíptica del siglo II a.C. Se conserva en la traducción etíope. Se presenta como una revelación que Dios hace a Moisés en el monte Sinaí, donde le muestra toda la historia de la humanidad y de Israel desde la creación hasta el éxodo de Egipto, siguiendo la forma de un relato paralelo del *Génesis*. Insiste en las prescripciones rituales y en las cronologías. Esto último explica el título de la obra. Su pensamiento es semejante al de los sectarios de Qumram.

Libros de las Sibilas: es una obra monumental que reúne doce libros de oráculos atribuidos a las sibilas paganas (hay dificultad en el momento de dar la numeración a estos libros, por lo que las ediciones difieren). Fueron escritos en griego y en forma de poesía y se originaron en Alejandría. La colección reúne material que posiblemente sea de origen pagano con actualizaciones judías e incluso interpolaciones cristianas. De allí que sea imposible establecer una fecha de composición.

Vida de Adán y Eva: se lo llama también **Apocalipsis de Moisés**. Se presenta como un desarrollo de los tres primeros capítulos del *Génesis*. Insiste en el tema de la penitencia por el pecado. Se conserva en lengua griega, pero posiblemente ha sido escrito originalmente en hebreo en una fecha muy cercana a la época del nacimiento de Jesús.

Presbítero Luis Heriberto Rivas

APÉNDICE II

PADRES DE LA IGLESIA Y OTROS AUTORES ANTIGUOS MENCIONADOS EN ESTA OBRA

Para ayuda de los lectores quizá poco familiarizados con los autores de la antigüedad y de los primeros siglos cristianos que son frecuentemente mencionados o citados por Jean Daniélou en este libro, ofrecemos estas breves referencias que esperamos les sean útiles.

UN ENCUENTRO DECISIVO

Tres siglos antes del nacimiento de Jesús ya se había producido en Alejandría, próspera ciudad portuaria sobre el delta del Nilo, metrópolis cultural que había eclipsado a la Atenas de la época clásica y donde residía entonces una poderosa colonia judía, un encuentro de consecuencias impredecibles entre la religión monoteísta del pueblo hebreo, expresada en los libros que hoy integran lo que llamamos Antiguo Testamento, y la cultura helenística que, originada en la Grecia clásica, tras las conquistas de Alejandro Magno se había extendido hasta los confines de la India. Y ello ocurrió en buena medida porque aquellos prósperos judíos residentes en Alejandría, aunque seguían siendo fieles a su religión, se habían asimilado hasta tal punto al ambiente cultural en que vivían que habían adoptado como lengua el griego y ya no entendían el hebreo de sus mayores, aunque este seguía siendo la lengua litúrgica empleada en las ceremonias religiosas.

Esto habría dado motivo a que durante el reinado de Filadelfo (287-245 a.C.) se constituyera allí en Alejandría un grupo de expertos hebreos que dominaban ambas lenguas, para realizar la tarea de traducir al griego el Pentateuco, la parte más antigua y fundamental del Antiguo Testamento, que pronto se completó con la traducción de otros libros considerados como Sagrada Escritura por los hebreos, posibilitando así que esos judíos helenizados de Alejandría pudieran leer a sus profetas y demás textos sagrados. Otros libros religiosos, publicados en griego por los judíos de Alejandría, fueron también integrados dentro de esta Biblia. Esta traducción se conoce con el nombre de **Septuaginta** o **Setenta**, y muchas veces se la designa simplemente con la cifra romana **LXX**, como la encontraremos mencionada muchas veces en este libro. Con este nombre se alude a la leyenda con la que los judíos alejandrinos intentaban dar un respaldo de autoridad divina a una traducción que en muchos puntos se alejaba de la fidelidad al texto hebreo subyacente y que no era aceptada por la comunidad judía de Jerusalén.[1] Según esta leyenda, contenida en el apócrifo **Carta de Aristeas**,[2] la traducción había sido realizada en una isla frente a Alejandría (¿Pharos?) por setenta (o setenta y dos) eruditos hebreos enviados desde Jerusalén, quienes trabajaron hasta obtener un texto en el que estaban todos completamente de acuerdo.

Además de la enorme importancia que tiene la opción que en muchos casos hicieron esos intérpretes para traducir determinados términos hebreos, vinculados a una mentalidad semítica, por otros tomados del vocabulario filosófico griego (p. e. ἀρχή o λόγος) con toda la carga semántica que traían consigo, en nuestro caso hemos de tener presente que *en este texto griego de los LXX* se basan —con muy pocas excepciones— los comentarios que a los libros del AT (vgr. al *Génesis,*

---

1. Textos antiguos designan al día aniversario de la Traducción LXX como "día nefasto" y se dice que se lo conmemora con un ayuno.

2. *Carta de Aristeas*, traducción al castellano de N. Fernández Marcos en: *Apócrifos del Antiguo Testamento* (Alejandro Diez Macho, edit.), Cristiandad, Madrid, 1983; T. II, págs. 9-63.

al *Éxodo*, a los Profetas, a los *Salmos*, al *Cantar de los cantares*) harán en los primeros siglos cristianos esos escritores que se denominan **padres de la Iglesia**, abundantemente citados en este libro.

Mas no fue éste el único encuentro de consecuencias entre el pensamiento semítico reflejado en el AT y la cultura helenística e incluso su filosofía. Contemporáneo a los comienzos de la era cristiana tenemos en **Filón de Alejandría**, nacido pocos años antes de Jesús y también muchas veces citado en este libro,[3] un cabal anticipo de lo que poco después había de darse en los padres de la Iglesia: por una parte, el valerse de los conceptos que le ofrecía la filosofía griega para meditar sobre la Palabra revelada y ahondar así en su contenido, a la vez que con ello se facilitaba el diálogo con los intelectuales no judíos que se interesaban por esos temas y que en algunos casos incluso querían convertirse a la fe de Abraham (los "prosélitos"); por otra parte, también fue Filón de Alejandría pionero y precursor en el campo de la exégesis bíblica, al distinguir distintos niveles de sentido en el texto sagrado: uno literal, que hay que tratar de entender a la luz de las ciencias de su tiempo, y otro alegórico o espiritual, que refleja las distintas etapas de la unión mística del alma con Dios. Todo lo cual será retomado y desarrollado por muchos padres de la Iglesia, a partir especialmente de otro alejandrino, **Orígenes** (c.185 - post 251) y a lo largo de muchos siglos, hasta culminar en el medioevo con san Bernardo y otros representantes de la espiritualidad monástica.

UN "KAIRÓS" EN LA HISTORIA

Por último, unas breves consideraciones sobre el momento histórico en que, de acuerdo con los insondables planes de Dios, debía encarnarse el Verbo y "plantar su tienda entre nosotros" (Jn 1,

---

3. Una excelente aproximación a Filón y su obra la constituye un libro del mismo JEAN DANIÉLOU, *Philon d'Alexandrie* (Arthème Fayard, Paris, 1958) que ha sido traducido por editorial Sudamericana (Buenos Aires).

14) nos permitirán comprender mejor la época de los Padres reflejada en este librito, así como la rápida difusión del mensaje evangélico y el hecho de que todos los libros que constituyen el Nuevo Testamento estén escritos en lengua griega y esta sea también en esos primeros siglos la lengua oficial de la Iglesia aun cuando la sede del primado, tras un breve paso por Antioquía, ya desde los tiempos del mismo apóstol Pedro se constituya en Roma, cabeza del Imperio y en ese momento *caput orbis*, capital del mundo.

Pues eran los tiempos del emperador Augusto, cuando todo el mundo de pueblos en torno al mar Mediterráneo estaba unificado bajo el dominio romano y las "vías" imperiales aseguraban una comunicación eficiente entre las distintas ciudades y regiones, desde las columnas de Hércules (hoy Gibraltar) que daban paso al inmenso océano hasta, en el otro extremo, los pueblos del Cercano y Medio Oriente hasta el reino persa. Y una sola lengua, la griega, en una forma sencilla llamada **koiné** (común), era la que permitía comunicarse y comerciar a través de todo ese vasto imperio, que gozaba en ese momento de la *pax romana*. Esto fue fundamental para que se diera una rápida difusión del Evangelio (εὐαγγέλιον, Buena Noticia) por todo ese mundo greco-romano. Y el ejemplo más claro de esto lo tenemos en los viajes del apóstol Pablo (él mismo nacido en Tarso, una de esas metrópolis donde se entrecruzaban diversas culturas) y se refleja en sus cartas que tienen por destinatarios precisamente a los corintios, a los gálatas, a los de Tesalónica... y finalmente a los romanos.

LOS PADRES DE LA IGLESIA

Se da el nombre de **padres de la Iglesia**, en un sentido amplio, a los escritores cristianos de los primeros siglos que con sus escritos (homilías y sermones, cartas, comentarios a las Sagradas Escrituras, tratados sobre temas teológicos o sobre la vida espiritual) constribuyeron a profundizar y desarrollar la doctrina de la naciente Iglesia, que constituye el objeto de la fe cristiana.

En este momento en que se intensifican por todas partes los esfuerzos para restaurar la unidad de la Iglesia, lamentablemente perdida a causa de los cismas y escisiones que se fueron dando principalmente en este segundo milenio que está llegando a su fin, resultan particularmente elocuentes estas palabras pronunciadas recientemente por el papa Juan Pablo II: "Un gran elemento de unidad entre el cristianismo de Oriente y el de Occidente es la veneración común a los *padres de la Iglesia*. Con esta expresión se indica a los santos de los primeros siglos, en su mayoría también pastores, que con su predicación y su reflexión teológica *defendieron la fe frente a las herejías y desempeñaron un papel decisivo en el encuentro entre el mensaje evangélico y la cultura de su tiempo*. La Iglesia los considera *testigos cualificados de la Tradición*. Algunos de ellos son auténticos gigantes en la historia del pensamiento cristiano y de la cultura universal".[4] Basta con pensar en un san Agustín para comprender la verdad de esta última afirmación.

Como bien lo señala Juan Pablo II, toda obra de evangelización, de propagación de la fe, supone ante todo una *inculturación*, un valerse de las formas culturales y las categorías intelectuales de cada pueblo para expresar a través de ellas la verdad revelada, el mensaje de salvación que se desea trasmitir, de modo tal que pueda ser comprendido y asimilado por aquellos que lo reciben. Y en este sentido no cabe duda de que los Padres fueron pioneros y modelos. Como muy bien ha dicho el P. Henri de Lubac: "Cada vez que la Iglesia indaga sobre su fe, su pensamiento y su teología, instintivamente *se vuelve hacia los Padres*. En la historia de la Iglesia hay una especie de permanente resurgimiento y continuo redescubrimiento de los Padres" ("La constitución *Lumen Gentium* y los padres de la Iglesia"). Y no es otra cosa lo que ha hecho en este librito el P. Jean Daniélou, discípulo y después estrecho colaborador de Henri de Lubac a lo largo de muchos años en esta tarea de "vuelta a las fuen-

---

4. "La veneración común a los padres de la Iglesia, gran elemento de unidad entre Oriente y Occidente". Domingo 4 de agosto en Castelgandolfo. *L'Osservatore Romano*, 9 de agosto de 1996.

tes", al buscar en ellos la doctrina que aquí nos ofrece para iluminar cuál es la fe de la Iglesia en lo que respecta a esas creaturas personales, de naturaleza puramente espiritual, a las que se aplica la denominación genérica de "ángeles".

Ya desde los comienzos de la edad moderna hubo varios esfuerzos para reunir y editar ordenadamente ese inmenso caudal de escritos de los Padres griegos, latinos y orientales. En cuanto a los dos primeros, es universalmente conocida la edición emprendida en París a mediados del siglo pasado por el abate J. P. MIGNE, que reúne en los 161 volúmenes de su *Patrologia graeca* los textos de casi todos los Padres que escribieron en esta lengua (con traducción latina, en columnas paralelas) y en 221 volúmenes de *Patrologia latina* los textos de los que escribieron en latín. A estas dos series corresponden las siglas PG y PL que encontrarán frecuentemente en las notas de este libro y la cifra en números romanos que va a continuación indica el tomo dentro de la serie.

Como habrá podido apreciarse por lo hasta aquí expuesto, la obra escrita de los padres de la Iglesia es enorme y puede en una primera división según la lengua utilizada agruparse en patrología griega, latina u oriental (ejemplo de esta última es san Efrén Siro, citado varias veces en este libro).

Pero para tener una visión abarcadora de este inmenso campo de la literatura patrística resulta más racional presentar a los Padres ubicados en las distintas etapas y grupos que a lo largo de los primeros siglos pueden señalarse (en lugar de atenernos a un orden alfabético que mezclaría confusamente personajes de muy distintas épocas y lugares).

Comenzamos así por los PADRES APOSTÓLICOS, denominación que se da a aquellos escritores anteriores al año 150, que tuvieron contacto directo con los Apóstoles o con quienes los habían conocido y tratado y eran así testigos fidedignos de los primeros años de vida de la Iglesia. Son quizá los más célebres entre estos los obispos Ignacio de Antioquía y Policarpo de Esmirna, ambos mártires, que sin embargo no son citados en este libro porque en sus *Cartas* no tratan el tema de los ángeles. Sólo dos obras de esta época son citadas aquí: la *Carta* de un autor desconocido, pero atribuida durante muchos siglos a Bernabé, el compañero de san Pablo en sus viajes apostólicos. Como en otros casos semejantes, en los que una crítica textual moderna ha mostrado ser inverosímil la atribución tradicional, sin que pueda por ello identificarse al verdadero autor, se menciona a este como el Pseudo-Bernabé. Gozó de gran autoridad en los primeros siglos, especialmente entre los alejandrinos Clemente y Orígenes, que la consideran como Escritura inspirada. Estos autores, a su vez, ejercieron influencia sobre algunas comunidades cristianas primitivas, hasta el punto que uno de los manuscritos más importantes del Nuevo Testamento (el códice llamado *Sinaítico*, del siglo IV, que se encuentra en la Biblioteca Británica) incluye la *Carta* del **Pseudo-Bernabé**. Las apreciaciones de la *Carta* sobre los ángeles de Dios y los de Satán son un paso fundamental en la formulación de la doctrina de *los dos caminos*, el de la luz y el de las tinieblas, simbolizada por la Y griega, y en la que confluyen una larga tradición helénica que arranca en Hesíodo y pasa por Pitágoras, y una tradición bíblica atestiguada en numerosos textos del Antiguo Testamento.

El Pastor que aparece como escrito por un visionario llamado **Hermas** es una obra del género apocalíptico, bastante compleja, en la que el autor se presenta como portador de un mensaje que exhorta a la conversión y penitencia, todo ello formulado a través de cinco *Visiones*, doce *Preceptos* o mandatos y diez *Semejanzas* o parábolas (*Vis.*, *Prec.* y *Semej.* en las notas de nuestro texto) en las que un personaje superior va revelando a Hermas la constitución de la Iglesia, el combate entre los vicios y las virtudes (aparece aquí también la doctrina de los dos caminos y de los dos espíritus) y otros temas vinculados con la vida espiritual. También esta obra gozó de gran autoridad y algunos la incluían en el canon de los libros inspirados. Su redacción última se ubica hacia el 150.

Este siglo II está caracterizado por los PADRES APOLOGISTAS, tanto griegos como latinos, que escriben en defensa del cristianismo, refutando las calumnias que circulaban sobre los cristianos y reivindicando su derecho a profesar su fe. Varios de estos escritores son autores de *Apologías*, que en sentido estricto era la denominación que se daba a una presentación dirigida a los emperadores romanos para justificarse o excusarse por alguna acusación (en estos casos, la acusación era la que había conducido a tantos cristianos al martirio: no ser fieles ciudadanos porque se negaban a rendir culto al emperador reinante).

El más importante es **San Justino mártir**, oriundo de Flavia Neápolis (la actual Nablus, en Samaría), que tras haber recorrido todas las escuelas filosóficas de su época buscando la Verdad y el conocimiento de Dios, según él mismo narra en su *Diálogo con Trifón*, había creído hallarla en el platonismo hasta que en un encuentro fortuito con un misterioso anciano (puede tratarse de una ficción literaria) este derrumbó sus convicciones platónicas y le hizo conocer, a través de las Escrituras, las promesas mesiánicas y su cumplimiento en Jesús. De ahí en más abrió Justino una escuela de filosofía en Roma (siguió siendo laico) para enseñar esta "verdadera filosofía" que era la fe cristiana. Allí compuso entre los años 150 y 155 sus *Apologías* I y II, dirigidas a los emperadores romanos del momento (entre ellos Marco Aurelio, el filósofo estoico). Entre otros temas, señala en ellas que desde los primeros tiempos, mucho antes de que el Lógos hecho hombre se revelara plenamente en Cristo, ya los pueblos paganos alcanzaron verdades parciales, "semillas" de ese Lógos, por lo que se podía decir que algunos filósofos griegos que pensaron rectamente fueron en alguna medida "cristianos *avant la lettre*". Refuta el determinismo estoico, según el cual todo el universo está ya determinado por leyes cósmicas inexorables y todo volverá a repetirse de la misma manera al cumplirse un ciclo cósmico. Afirma en cambio la existencia del libre albedrío, por el cual el hombre elige obrar o no de tal o cual manera, y es así responsable de sus acciones. Si así no fuera, no tendría méritos ni culpas y no tendría sentido premiarlo o castigarlo, alabarlo o censurarlo por lo que hace. Denunciado por la envidia de un filósofo cínico, murió mártir el año 163.

Otro apologista es **Atenágoras**, que hacia el año 177 dirige a los emperadores Marco Aurelio y Cómodo un memorial que presenta como una "embajada" (πρεσβεία, *Legatio*) o *Súplica en favor de los cristianos*, justificando la fe que profesan y su conducta moral.

En el Asia Menor escribió otra Apología, también dirigida a Marco Aurelio, el obispo **Melitón de Sardes**, pero su texto se ha perdido. Solo nos ha llegado, de sus muchos y variados escritos, una importante *Homilía sobre la Pascua* y solo fragmentos de otras obras.

A esta misma época pertenece, aunque su obra ya excede en mucho el marco de las apologías, **Ireneo de Lyon**, nacido hacia el 140 en Asia, probablemente en Esmirna, donde fue discípulo de Policarpo recibiendo de él la tradición apostólica. Se trasladó joven a Roma y de ahí pasó a las Galias, donde fue ordenado sacerdote por el obispo de Lyon, a quien luego sucedió en esa sede, en la que desarrolló una labor muy importante escribiendo obras contra diversas herejías gnósticas, especialmente la de Valentín, que ponía en peligro la integridad de la fe. La más importante es *Adversus haereses*, en cinco libros, donde comienza por exponer las doctrinas gnósticas y sus ramificaciones y hace luego una amplia exposición de la doctrina cristiana y de la fe de la Iglesia, que hace de él el mayor teólogo de ese siglo y el "verdadero fundador de la teología católica" (J. Ratzinger). Es autor también de otra obra más breve, la *Epideixis* o *Demostración de la predicación apostólica*, que es una catequesis acerca de Dios, la Trinidad, y Jesucristo que une el Antiguo Testamento con el Nuevo.

Casi contemporáneo, pero muy distinto en cuanto a carácter y trayectoria, es Quinto Septimio Florencio **Tertuliano** que, nacido en Cartago hacia el 160, estudia en Roma el derecho y la retórica, y allí se convierte a la fe cristiana, antes de volver a su patria. Carácter intransigente, exaltado, combativo y polemista, al par que moralista, erudito y orador, nos han llegado de él 31 obras, entre ellas los tratados *De baptismo*, *De anima*, *De resurrectione*, *De Oratione* y *De pudicitia* (acerca del pudor) citados en este libro. Su carácter "fundamentalista" lo llevó en sus últimos años a separarse de la Iglesia para adherir a la secta montanista, que extremaba el rigorismo, prohibía a los cristianos asistir a espectáculos teatrales y deportivos, censuraba la coquetería de las mujeres. Finalmente, terminó creando una secta propia, los "tertulianistas", que todavía existían en la época de san Agustín. Pese a todo esto, el aporte de Tertuliano a la teología ha sido muy grande, no sólo por haber contribuido enormemente a la constitución de un vocabulario teológico latino (hasta ahí la lengua utilizada había sido el griego) sino porque, p. ej., además de haber sido el primero en usar el término *Trinitas*, habla de la "Trinidad de una divinidad: Padre, Hijo y Espíritu Santo" y afirma que el Hijo es de la misma sustancia que el Padre y que "hay una sola sustancia en la que los tres están unidos entre sí", con lo que se anticipó en un siglo a la que sería la definición del Concilio de Nicea.

A fines del siglo II y comienzos del III adquiere particular importancia la Escuela Catequética de Alejandría, iniciada por Panteno, del que poco se sabe y donde desde poco después del 180 hasta el 204 brilla como maestro **Clemente de Alejandría**, nacido probablemente en Atenas, de padres paganos, y que antes de convertirse a la fe cristiana había adquirido una sólida formación filosófica y retórica, que luego sabrá poner íntegramente al servicio de su fe, destacando el valor que la filosofía tuvo para preparar a los paganos a recibir el Evangelio y la utilidad que a los cristianos puede prestarles para mejor comprender lo que creen. Escribió un *Protréptico*, o *Exhortación* a la conversión; un *Pedagogo*, que centrado en Cristo como verdadero maestro es un amplio tratado de moral práctica, formulado en los términos de la filosofía griega. Su obra más importante son los ocho libros de *Stromateis*, titulado con ese nombre que designaba unas alfombrillas tejidas con lanas de variados colores, para indicar la miscelánea de temas diversos que allí se tratan. También se conserva de él una homilía que suele citarse por el título de su traducción latina, *Quis dives salvetur?* (¿Qué rico podrá salvarse?), que se refiere al buen uso de las riquezas y demás bienes materiales. Escribió también *Excerpta Theodoti*, que reúne textos de un gnóstico no identificado, de la escuela de Valentín. Muy útil para conocer las interpretaciones que estos gnósticos hacían de las Sagradas Escrituras.

Discípulo y sucesor de Clemente en esta escuela fue **Orígenes** (n. hacia 185), que no es converso sino que ha nacido cristiano (su padre, Leónidas, sufrió el martirio durante la persecución de Severo en el 202). Al año siguiente, el joven Orígenes, que ya desde niño brillaba por una inteligencia excepcional, se ve puesto al frente de la Escuela de Alejandría cuando su maestro Clemente debe marchar al destierro. La necesidad de poder dar respuestas adecuadas a las preguntas y objeciones de los paganos cultos que se asomaban a esta escuela deseosos de saber qué era esa "filosofía cristiana" lo lleva a formarse (hasta ahí había pensado dedicarse solamente al estudio intenso de la Sagrada Escritura), y para ello frecuenta la escuela de Ammonio Sakkas (el mismo que será también maestro de Plotino, lo que explicaría las semejanzas entre algunas doctrinas de Orígenes y las del fundador del neoplatonismo). En el año 232 se traslada a Cesarea de Palestina, donde a pedido del obispo local funda una escuela de teología, en la que contará entre sus discípulos a quien sería Gregorio el Taumaturgo. Después de muchas peripecias durante la persecución de Decio, murió en Tiro el 253. Su obra es inmensa (sólo comparable a san Agustín entre los Padres latinos), especialmente en el terreno de la exégesis de la Sagrada Escritura (*Comentarios* y *Homilías* sobre el *Génesis,* el *Éxodo,* los *Números,* los *Salmos,* el *Cantar,* los profetas y demás libros del Antiguo y del Nuevo Testamento), y escribió también el Περὶ Ἀρχων (o *De principiis* en su traducción latina) que podría decirse es la primera "suma teológica" o exposición global de la fe cristiana, y una extensa obra apologética *Contra Celso,* en la que refuta las objeciones que este y otros filósofos hacían al cristianismo desde el punto de vista racional. Asimismo es importante su tratado *Sobre la oración.*

Por esta misma época hay que situar a **Hipólito de Roma** (n. hacia 170) que dice haber sido discípulo de Ireneo. Se enfrentó con el papa Calixto porque este había suavizado la disciplina vigente entonces para readmitir en la Iglesia a los culpables de faltas graves y, apoyado por un grupo pequeño pero influyente, se convirtió en el primer antipapa en la historia de la Iglesia, y siguió siéndolo bajo los pontificados de Urbano y de Ponciano. Cuando el emperador Maximino desterró a este último y a Hipólito, ambos renunciaron a la sede romana e Hipólito se reconcilió con la Iglesia y murió mártir el año 235. Muchas de sus obras se han perdido, pero se conserva la *Tradición apostólica*, que es quizá la Constitución Eclesiástica más antigua, un tratado *Acerca del Anticristo*, un *Comentario sobre Daniel* y pocas obras más.

Unos años más tarde, en Asia, vive **Metodio de Olimpia** (nombrado también Metodio de Filipos porque durante algún tiempo fue obispo de esa ciudad). Su obra más conocida es el *Banquete de las diez vírgenes*, un diálogo redactado a imitación del *Banquete* de Platón y dedicado a hacer el elogio de la virginidad. También escribió un tratado Περὶ ̓αυτεξουσίας sobre el libre albedrí, y otro *Acerca de la resurrección* en el que combate las tesis origenistas sobre la preexistencia de las almas y la interpretación espiritualista de la resurrección. Es autor asimismo de unos breves escritos exegéticos entre los cuales se cuenta el mencionado en este libro *De sanguisuga* (la sanguijuela) sobre el *Salmo* 18, 2 ("los cielos narran la gloria de Dios") donde interpreta que el cielo son los ángeles y el firmamento es la Iglesia.

A comienzos del siglo III y en África, donde el uso del latín ya se ha generalizado entre los escritores cristianos, hay que situar muchas *Actas* relatando martirios, entre ellas las *Actas de Perpetua y Felicitas*, escritas en Cartago hacia el 203, que relatan la *passio* o martirio de ambas.

Por esa misma época nace allí, de padres ricos y paganos, el que sería **Cipriano de Cartago**, que cursa estudios de retórica y es ya un maestro respetado cuando, tras una juventud mundana, la lectura de la Biblia lo lleva a convertirse y bautizarse, dando sus bienes a los pobres. Ordenado sacerdote hacia el 249, poco después fue elegido obispo y mostró grandes cualidades de gobierno: prudencia y moderación unidas a una gran firmeza y amor a la Iglesia. Su actividad pastoral fue pronto interrumpida por la violenta persecución de Decio, en 250, que llevó a muchos cristianos nuevos a renegar de su fe. Tras muchos conflictos murió mártir en 257. Escribió un tratado sobre *La* *unidad de la Iglesia,* que es el primer tratado de eclesiología; otro sobre el Padre Nuestro, *La Oración del Señor,* así como otros más breves sobre *La limosna* y sobre *La paciencia.*

Siempre en África, en la segunda mitad de este siglo III, nace Lucio Celio Firminiano **Lactancio,** que se expresa en un latín muy elegante. Entre sus obras se cuentan las *Instituciones divinas,* un tratado *Sobre la muerte de los perseguidores* y otro *De opificio Dei* (Sobre la obra de Dios) que prueba la existencia de Dios y su providencia a través de un estudio del organismo humano y su funcionamiento.

En el Asia Menor, a orillas del Mar Negro, en la ciudad entonces designada como Neocesarea del Ponto (y poco después, más sencillamente, como Cesarea de Capadocia) nace en 213 quien luego sería **Gregorio el Taumaturgo.** Tras estudiar retórica y derecho, se trasladó a Cesarea de Palestina y allí tuvo ocasión de asistir a algunos cursos de Orígenes (que exiliado de Alejandría había reabierto allí su escuela) y se convirtió a la fe cristiana. Vuelto a su patria, años después fue consagrado obispo de Neocesarea, asistió el año 265 al concilio de Antioquía y murió poco después del 270. Autor de una *Metáfrasis del Eclesiastés,* y de un tratado *Acerca de la pasibilidad e impasibilidad en Dios,* escribió también un *Panegírico de Orígenes* en defensa de su maestro.

Hacia el año 263, en Cesarea de Palestina, nace **Eusebio,** que tras una conducta no muy firme durante la persecución de Diocleciano, en el 313 es nombrado obispo de Cesarea. Allí también tuvo una conducta excesivamente blanda frente a la herejía de Arrio, que recién comenzaba a propagarse, e intervino en el mismo sentido en el concilio de Nicea (325) que definió la fe trinitaria, llegando después incluso a promover medidas contra Atanasio, el campeón de la ortodoxia en este problema y contra algunos obispos fieles a la definición de Nicea. Murió hacia el 340 y obviamente no está canonizado. Pero su obra como escritor eclesiástico es enorme, de gran erudición, y en ella se destaca, en el campo apologético, la *Preparación evangélica* y la *Demostración evangélica;* en la exégesis los *Comentarios sobre los Salmos* y *sobre Isaías.* Pero su obra más importante y perdurable es la *Historia eclesiástica*, que se propone demostrar la realidad de la sucesión apostólica aunque deja de lado la cuestión del primado romano. Sus posiciones cristológicas son muy objetables y su convicción de que la alianza con el poder imperial beneficiaba a la Iglesia facilitó el camino al funesto césaropapismo que tanto daño ocasionó en Bizancio durante siglos.

Con **Atanasio de Alejandría**, nacido en Alejandría el 296, comienza el siglo IV, bien llamado "el siglo de oro de la patrística". No tuvo una formación retórica o filosófica pagana, sino que desde joven se formó en la Iglesia y como diácono acompañó a su obispo el año 325 al concilio de Nicea, donde se definió la doctrina trinitaria y quedó definitivamente rechazada la herejía arriana. Poco después, el año 328, a la muerte del obispo es elegido para sucederlo y de ahí en más lucha enérgicamente contra el arrianismo durante casi medio siglo, lo que le trajo una serie de destierros y persecuciones cada vez que en la corte de Bizancio predominaban los arrianos. Campeón de la ortodoxia, la defendió con toda energía y sin rehuir la lucha. Habiendo conocido a Pacomio, el iniciador de la vida cenobítica, y luego al célebre ermitaño Antonio, escribe una *Vida de san Antonio* que inaugura este género de vidas de ermitaños y tendrá gran influencia durante muchos siglos. En esta misma línea escribió un tratado *Sobre la virginidad*. En el orden dogmático escribió varias obras *Sobre la encarnación del Verbo* y *Contra los arrianos*, y en el plano exegético un *Comentario sobre los Salmos* y otros sobre *el Cantar*, el *Eclesiastés* y el *Génesis*. Repuesto en su sede de Alejandría por presión popular sobre el emperador Valente, tras su quinto destierro, murió allí el 373.

En Alejandría, hacia el año 313 nace **Dídimo el ciego**, que tuvo como discípulos a san Jerónimo y a Rufino de Aquileya, traductor de Orígenes al latín. Su tratado *Sobre la Trinidad* fue muy importante para una recta comprensión de esta doctrina y también se conservan de él una obra *Acerca del Espíritu Santo* y otra *Contra los maniqueos*, en tanto que se han perdido otras obras y comentarios exegéticos. Murió hacia el 398.

También a comienzos de ese siglo pero en Siria nace **Efrén**, que vivió retirado en Edesa y fue un gran impulsor del culto mariano y cabeza del movimiento monástico en Oriente. Enfrentó con energía el arrianismo y a los movimientos gnósticos de su época. Entre sus obras se encuentra una *Acerca de la segunda venida de Cristo* y fue también un extraordinario poeta, autor de muchísimas composiciones, especialmente en honor de la Santísima Virgen. Escribió en siríaco, por lo cual se cuenta entre los llamados Padres Orientales.

Hacia el 315 nace **Cirilo de Jerusalén**, que en 348 fue consagrado obispo de esa ciudad, de la que en los treinta años siguientes sería expulsado tres veces a causa de las luchas con los arrianos y el predominio de estos en algunos concilios locales, así como del apoyo de algunos emperadores. Pudo regresar a su sede el año 378, y el 381 participó en el Concilio ecuménico de Constantinopla. Murió hacia el 387. Fue autor de 24 *Instrucciones catequéticas*, una carta al emperador Constancio y diversas homilías.

A comienzos también del siglo IV pero en la Galia, que era entonces una provincia romana, nace **Hilario de Poitiers**, que habría de ser el primer escritor latino de la Iglesia occidental (Tertuliano y Cipriano de Cartago también escribieron en latín, como ya vimos, pero pertenecían a la Iglesia de África). Nacido pagano, de familia noble, tuvo una educación esmerada y sólo llegó a la fe cristiana ya adulto, y después de una larga y afanosa búsqueda de la verdad, que él mismo relata al comienzo de su *Tratado sobre la Trinidad*, la más importante de sus obras. Hacia 350 es elegido obispo de Poitiers, y pone especial empeño en instruir a sus fieles a través de la predicación; producto de este empeño son sus *Comentarios sobre los Salmos* y *sobre el Evangelio según san Mateo*. Cuando llegan a Galia las controversias arrianas, el emperador Constancio lo destierra al Asia Menor, lo que le permitió conocer mejor la teología de las iglesias griegas y orientales. Vuelto a su diócesis en 359, lucha enérgicamente por afianzar en Occidente la recta doctrina hasta su muerte en 368.

Nacido a fines del siglo III o comienzos del siglo IV hallamos en la Bética (actual Andalucía) a **Gregorio de Elvira**, obispo de la ciudad de este nombre, autor de obras exegéticas: un *Tratado sobre el arca de Noé* y varios *Sobre el Cantar de los cantares*. Muchos lo consideran el autor español más importante antes de Isidoro de Sevilla.

En este siglo IV son figuras centrales los llamados PADRES CAPADOCIOS, que nacen y actúan en Cesarea de Capadocia a orillas del Ponto Euxino (nombre antiguo del Mar Negro), o sea, un territorio del Asia Menor que hoy corresponde a Turquía.

Basilio de Cesarea (llamado también Basilio Magno) es el mayor de ellos. Nacido hacia el 330 en una familia cristiana, recibió su primera formación literaria de su padre, célebre profesor de retórica, y luego fue a seguir sus estudios en Constantinopla y en Atenas. De regreso en su patria busca éxito mundano como profesor de retórica, pero pronto toma conciencia de la vanidad de sus propósitos (quizá por influencia de su santa hermana mayor, Macrinia) y abandona todo para ejercitarse en la vida monástica junto a los monjes de Siria y de Palestina. De regreso a su país, funda un monasterio en una propiedad de su familia y redacta para esa incipiente comunidad las *Reglas monásticas*, que durante muchos siglos fueron de capital importancia para el desarrollo de la vida religiosa. El año 362 el obispo, buscando contar con un auxiliar competente, lo ordena sacerdote y de ahí en más despliega una enérgica acción contra las injusticias instaladas en esa sociedad que se decía cristiana. Pronuncia sobre estos temas una serie de *Homilías* que se destacan por el vigor y solidez de su argumentación. Compone también un *Comentario sobre el Hexaemeron* (el relato bíblico de las seis etapas de la creación). El año 370 es elegido obispo, a los 40 años, y muestra grandes dotes de gobierno en una época muy difícil, pues hace estragos la doctrina de un arriano, Eunomio, protegido por el emperador desde Bizancio. Contra él escribe el *Contra Eunomio* y un *Tratado sobre el Espíritu Santo*. Como obispo y pastor, es autor de una cantidad de *Homilías* comentando diversos textos de la Escritura, y redactó también un tratadito *A los jóvenes, sobre la manera de sacar provecho de los estudios clásicos*. Quedan de él asimismo numerosas *Cartas*. Murió el 1 de enero del 379.

Gregorio Nacianceno (llamado así porque fue obispo de Nacianzo, una sede cercana a Cesarea) fue contemporáneo y condiscípulo de Basilio, tanto en sus primeros estudios en su ciudad natal como cuando juntos fueron a estudiar en Atenas. Dotado especialmente para las letras y la poesía, a su regreso a Cesarea de Capadocia abrió una escuela de retórica, pero finalmente recibió el sacerdocio y en Pascua del 362 pronunció su primer sermón. Durante años tuvo que enfrentar graves problemas por las intrigas políticas y la difusión de herejías trinitarias y cristológicas. Todo lo cual dio ocasión a sus formidables *Discursos teológicos*, pronunciados especialmente durante un breve período en que fue obispo de Constantinopla. Poeta de fina sensibilidad, escribió más de 400 obras en verso, entre ellas una autobiográfica, *Pro vita sua*. Murió el año 390.

Gregorio de Nyssa (o Niceno) completa este trío de los "Padres Capadocios". Hermano de Basilio, nació hacia el 335 y estudió solamente en su ciudad natal, donde durante algunos años ejerció como profesor de retórica. Bajo la influencia de Basilio, que necesitaba rodearse de obispos seguros, fue ordenado sacerdote y en el año 371 consagrado obispo de Nyssa, donde tuvo que enfrentar muchos problemas y debió abandonar la sede. Quizá a causa de la personalidad brillante de Basilio, su hermano mayor, sólo tras la muerte de este, y al comienzo con timidez y casi con disculpas, comienza Gregorio a desarrollar su obra escrita, que si bien no tiene la elegancia literaria del Nacianceno lo supera ampliamente en profundidad filosófica, al punto de ser hoy valorado como "el más filósofo de los Padres griegos". Tras un tratado *De hominis opificio* (Sobre la creación del hombre), escrito inmediatamente tras la muerte de Basilio para completar el comentario de este sobre el *Hexaemeron*, que no había alcanzado a tratar el "sexto día", o sea la creación del hombre, escribe cuatro tratados de polémica teológica *Contra Eunomio*, que constituyen una de las mejores refutaciones del arrianismo, así como otro *Contra Apolinar*. Su *Discurso catequético* es, después del *De principiis* de Orígenes, la primera exposición sistemática de la teología apoyada a la vez en la Escritura y en la filosofía griega. Escribe un tratado *Sobre el alma y la resurrección*, dedicado a su hermana Macrinia y, a la muerte de esta, redacta una *Vida de Macrinia*. Pero en sus últimos años su principal interés está en la teología mística: el estudio de las etapas de la vida espiritual que recorre el alma hasta alcanzar la unión con Dios. Son fundamentales en este campo su *Vida de Moisés* y su extenso *Comentario al Cantar de los cantares*. Quedan también de él numerosos sermones sobre las distintas fiestas litúrgicas o conmemoraciones, así como elogios fúnebres, pronunciados cuando fue predicador imperial en Constantinopla, donde asistió al Sínodo del año 394 y murió poco después, probablemente en el 395.

Por esa misma época comienza a brillar un joven predicador de nombre Juan, nacido hacia el 350 en Antioquía y que desde joven supo armonizar su cultura griega con su fe cristiana. Desdeñando las posibilidades de una brillante carrera eclesiástica, se consagró a la ascesis y al estudio de la Biblia y durante un tiempo se retiró a las montañas para llevar vida monástica, con ayunos y penitencias que comprometieron su salud y lo obligaron a volver a Antioquía, donde el obispo Melecio lo ordenó diácono, el año 38l, cuando tenía 34 años. Escribió entonces su célebre tratado *Sobre el sacerdocio*, que hasta hoy conserva actualidad. Ordenado sacerdote, durante doce años se dedicó intensamente a la predicación, siempre en su Antioquía natal, combatiendo con energía muchos desórdenes e injusticias de la sociedad de su tiempo. Comenta en sus homilías textos del Antiguo Testamento (especialmente el *Génesis*, *Isaías* y los *Salmos*) y del Nuevo Testamento (san Pablo, que es su autor preferido, y los evangelistas Lucas y Juan). Sus grandes dotes oratorias le valieron el apelativo "boca de oro" y así es como se lo conoce como **Juan Crisóstomo**. La fama de su elocuencia y de su santidad habían llegado hasta la capital del Imperio y lo mandaron buscar para hacerlo obispo allí, lo cual fue el comienzo de una serie de luchas, dificultades y aun destierros, porque su carácter enérgico y frontal no era lo más adecuado para moverse en la red de intrigas y ambiciones de la corte bizantina, al par que su oratoria brillante pero exigente incomodaba a muchos. Enviado al destierro en las fronteras de Armenia, murió tras un penoso viaje, antes de llegar a destino, el año 407.

También en Antioquía y en la misma época nace **Teodoro**, que el año 392 es consagrado obispo de **Mopsuestia**, en Cilicia. Es la figura más importante de la escuela exegética de Alejandría y compuso *comentarios* al *Génesis*, a los *Salmos*, a los profetas menores, a las epístolas paulinas, así como también obras de teología dogmática, y de liturgia. Muy apreciado por sus contemporáneos, murió el año 428 sin que nadie hubiera cuestionado su ortodoxia. No obstante, poco después del concilio de Éfeso celebrado el 431 fue tildado de nestoriano y más tarde sus obras fueron condenadas, aunque hoy es la opinión más probable que sus escritos fueron mal interpretados.

En el ámbito de la Iglesia latina se destaca por esa misma época la figura extraordinaria de **Ambrosio**, nacido en Treveris hacia el 329 cuando su padre era prefecto romano en las Galias. Muy joven se trasladó a Roma, donde estudió retórica y derecho y ejerció la abogacía. Nombrado luego prefecto en Milán, era aún catecúmeno, preparándose para recibir el bautismo, cuando murió allí el obispo Auxencio, que simpatizaba con los arrianos. La elección del sucesor se presentaba muy difícil, con los fieles divididos en dos bandos irreductibles, cuando de entre la multitud surgió una voz anónima proponiendo al prefecto Ambrosio, que en su cargo civil se había ganado el respeto de todos. Fue elegido por unanimidad, tras lo cual —caso único en la historia— fue bautizado y ocho días después, el 7 de diciembre del 374, consagrado obispo. Asumiendo plenamente sus nuevos deberes, distribuyó su fortuna entre los pobres y abrazó una vida austera y estudiosa, emprendiendo el estudio de la teología, de la Sagrada Escritura, de los Padres griegos y de los filósofos (especialmente Platón y Plotino) que leía perfectamente en su lengua original. En torno a él se formó un círculo neoplatónico cristiano en Milán, que tendría gran influencia en el futuro san Agustín, que se convierte precisamente allí cuando llega a Milán como profesor municipal de retórica y es bautizado por Ambrosio. La obra escrita de Ambrosio es enorme. Preocupado por las costumbres de una sociedad todavía no del todo cristiana redacta un amplio tratado *De officiis* (Sobre los deberes), a imitación del de Cicerón de igual nombre,[5] que resulta así en Occidente el primer

---

5. Que a su vez es imitación, explícitamente reconocida, del Περὶ τοῦ παθήκοντος, de Panecio de Rodas, iniciador del Estoicismo Medio.

tratado de ética cristiana. Sus numerosísimos *Sermones* comentan ampliamente toda la Sagrada Escritura e, inspirándose principalmente en Orígenes, a quien sigue en la distinción de un triple nivel de sentido en el texto sagrado (literal, moral y alegórico o místico) escribió numerosas obras exegéticas. También compuso himnos litúrgicos y obras dogmáticas *Sobre los misterios, Sobre los Sacramentos, Acerca del Espíritu Santo, Exposición del Símbolo* (el Credo) y otras. Tuvo siempre una actitud muy firme ante los emperadores, recordándoles que estaban "en la Iglesia", como cualquier otro bautizado, pero no "por encima", o sea, no con autoridad sobre ella, e incluso al gran emperador Teodosio, que había cometido crímenes de guerra en una campaña, le impuso una severa penitencia pública antes de readmitirlo en la comunión de los fieles. Murió en su sede de Milán, el 397.

En el año 354 y en Tagaste, en el norte de África, nace Aurelio **Agustín**, de madre cristiana, Mónica, y padre pagano. Tras una primera formación en su pueblo natal y en la cercana Madaura, va a completar su formación como retórico a Cartago y allí lleva una vida algo desordenada y adhiere durante varios años a la secta maniquea, que inspirada en el dualismo persa sostenía la existencia de dos principios en continua lucha, el del bien y el del mal, o el de la luz y el de las tinieblas, sin que el hombre fuera libre para optar por una u otra posibilidad en sus acciones. Decepcionado finalmente de esta doctrina, anduvo buscando la verdad en escuelas filosóficas como el estoicismo, hasta que finalmente la lectura de algunos tratados de las *Enéadas* de Plotino, que en la traducción latina de Mario Victorino le alcanzó un amigo, fue el comienzo de su conversión intelectual, aunque todavía no se determinaba a abrazar la fe cristiana por no creerse capaz de poder llevar una vida conforme a sus exigencias morales, como él mismo lo referirá más tarde en sus célebres *Confesiones*. Superado con la ayuda de la gracia divina este último obstáculo, es bautizado en Milán por el obispo Ambrosio, en la vigilia pascual del 387. Vuelto al África, su primera intención es llevar una vida dedicada al estudio y a la oración en compañía de algunos amigos que comparten sus ideales. Pero por presión del anciano obispo de Hipona es ordenado sacerdote el 391, y cinco años después, al morir el obispo, es nombrado en esta sede, la más importante después de Cartago, y en ese cargo permanecerá hasta su muerte. De ahí en más su tarea pastoral es inmensa, predicando hasta dos sermones diarios, polemizando primero con los maniqueos (que como ya dijimos negaban el libre albedrío humano) y después con los pelagianos, que en el extremo opuesto prescindían de la necesidad de la gracia divina para, en este estado de naturaleza caída, obrar en el orden de la salvación. Polemiza también con los donatistas, un cisma propio de esa región del África; redacta tratados teológicos y mantiene abundante correspondencia con quienes, desde todas partes, lo consultan sobre los más diversos temas. Entre ellos san Jerónimo, que está en Palestina dedicado a sus estudios bíblicos. Es imposible mencionar toda la obra de Agustín, que abarca desde breves opúsculos filosóficos (*De beata vita, Soliloquios, De Ordine, De natura boni, De libero arbitrio* y otros) hasta extensos tratados teológicos como el *De Trinitate*, comentarios exegéticos sobre el *Génesis* y sobre los *Salmos*, tratados teológicos *Acerca de la naturaleza y la gracia, El don de la Perseverancia* y muchos otros temas, y finalmente la monumental obra de teología de la historia que son los 22 libros *De la Ciudad de Dios*, inspirada por el acontecimiento catastrófico que fue la caída de Roma en poder de los bárbaros el año 410. San Agustín muere el año 430, cuando los bárbaros están sitiando las murallas de Hipona. Y de ahí en más su obra constituye el sustrato de la teología católica en Occidente, donde su autoridad es inmensa, maestro indiscutido y a veces también tergiversado, como en el caso de los jansenistas.

Contemporáneo de san Agustín, nacido en la Hispania romana, probablemente en Calahorra en 348, Aurelio **Prudencio** Clemente es el más importante de los poetas cristianos de la Iglesia antigua. En su juventud ejerció como abogado y luego se orientó hacia la carrera administrativa, siendo dos veces gobernador de provincia con acierto y rectitud, lo que movió al emperador Teodosio a conferirle un cargo importante en su corte. En medio de esa brillante carrera, una crisis de conciencia le hizo captar la vanidad de esas glorias mundanas y decidió consagrar el resto de su vida a alabar a Dios mediante la poesía, mientras llevaba una vida sumamente austera. Un viaje a Roma hacia los años 401 a 403 lo impactó fuertemente por los monumentos paganos y cristianos que allí encontró. Sus poemas, que según la costumbre de entonces llevan títulos griegos, son líricos, como el *Peristephanon* o libro de las coronas, dedicado a alabar a los mártires a través de catorce himnos de desigual extensión; o bien son didácticos y polémicos, entre los que se cuenta la *Hamartigenia* mencionada en este libro, que afirma el libre albedrío humano y la consiguiente responsabilidad moral, en polémica contra Marción y el dualismo gnóstico. Sólo Dios tiene el dominio absoluto de la creación y el mal se explica por la rebelión de Satán y la caída de Adán. Cierra el poema con una descripción de los reinos de ultratumba, valiéndose de imágenes procedentes de las tradiciones pagana y cristiana. El mismo tema del combate espiritual entre los vicios y las virtudes lo desarrolla en la *Psycomaquia*, un poema épico con personajes bíblicos, que alcanzó gran popularidad en el medioevo. Murió en fecha incierta, después del 405.

A fines de ese siglo IV, pero en Antioquía, el año 393 nace **Teodoreto de Ciro** que, educado en los monasterios antioquenos y elegido obispo de Ciro el año 433, tuvo muchas peripecias por sus actitudes favorables a Nestorio, condenado en el concilio de Éfeso. Además de sus obras polémicas e históricas, es autor de varios tratados exegéticos: *Interpretación de los Salmos, Interpretación de Daniel, Interpretación de Isaías* y otros.

Finalmente, ya en pleno siglo VI y en un encuentro celebrado en Constantinopla entre ortodoxos y severianos (monofisitas moderados) aparecen por primera vez, esgrimidos como argumentos de suma autoridad en favor de una de las partes en litigio, un grupo de tratados hasta ahí desconocidos y jamás citados o aludidos por los Padres anteriores, que se presentan como habiendo sido escritos por un filósofo llamado Dionisio, que había estado presente en la predicación de san Pablo en el Areópago en

Atenas (cf. *Hechos* 17, 22-34) y allí se había convertido a la fe cristiana. Con esta atribución de tales escritos al **Dionisio el Areopagita**, allí mencionado, esos tratados *Acerca de la teología mística, De los nombres divinos, De las jerarquías celestiales y De las jerarquías eclesiásticas*, traducidos al latín por Juan Escoto Eriúgena, tuvieron enorme autoridad durante toda la Edad Media. Incluso santo Tomás de Aquino escribió un comentario al *De divinis nominibus*. Hoy puede afirmarse con toda certeza que el autor desconocido de tales escritos no es anterior al siglo IV y doctrinalmente está muy cerca del neoplatonismo de Proclo, filósofo de la escuela de Atenas muerto en 387. Asimismo, las referencias que hace a la liturgia cristiana aluden a prácticas (p. ej. el rezo del Credo) que recién fueron introducidas en el siglo IV. Por tanto, ante la evidencia de que estos escritos en modo alguno pueden tener por autor al Dionisio Areopagita convertido por san Pablo, y al no tener ningún indicio para individualizar al ignoto autor de esta superchería realizada no antes del siglo V, hoy se lo menciona como el **Pseudo-Dionisio**.

En cuanto al **Sacramentario Gelasiano**, mencionado en este libro, se trata de un conjunto de disposiciones litúrgico-disciplinarias que se atribuyen a Gelasio I, que fue papa del 492 al 496 y fue el primer obispo romano que utilizó el título de "Vicario de Cristo" (en el sínodo de 495).

MARÍA MERCEDES BERGADÁ

ÍNDICE

Impreso en mayo de 2000 en Artes Gráficas Color Efe,
Paso 192, Avellaneda, Buenos Aires, Argentina